DES CHEMINS DE FER

D'INTÉRÊT LOCAL

OU

CHEMINS A FAIBLE TRAFIC

CHEMINS A VOIE ÉTROITE

PAR

L. DAGAIL

INGÉNIEUR CIVIL

L'outil doit être proportionné au *travail.*

« Le seul moyen de développer les chemins
« de fer d'intérêt local, c'est de les propor-
« tionner aux services à en attendre.... »

Eugène FLACHAT.

PARIS

DUNOD, ÉDITEUR

LIBRAIRIE TECHNIQUE DES CHEMINS DE FER

49, quai des Augustins, 49

1870

DES
CHEMINS DE FER

D'INTÉRÊT LOCAL

OU

CHEMINS A FAIBLE TRAFIC

CHEMINS A VOIE ÉTROITE

PAR

L. DAGAIL

INGÉNIEUR CIVIL

L'outil doit être proportionné au *travail*.

« Le seul moyen de développer les chemins
« de fer d'intérêt local, c'est de les propor-
« tionner aux services à en attendre.... »

Eugène FLACHAT.

PARIS

DUNOD, ÉDITEUR

LIBRAIRIE TECHNIQUE DES CHEMINS DE FER

49, quai des Augustins, 49

1870

1871

ANGOULÊME, IMPRIMERIE CHARENTAISE DE A. NADAUD ET Cie

Rempart Desaix, 2

PRÉFACE

Nous publions aujourd'hui la brochure sur les chemins de fer d'intérêt local que nous avions annoncée sous le titre de *Chemins de fer à faible trafic*.

C'est, en quelque sorte, un *guide* à l'usage des promoteurs de chemins de fer d'intérêt local.

Notre travail est divisé en deux parties : dans la première, nous parlons des solutions suivies, du trafic et de la nécessité de modifier la manière de procéder; dans la seconde, nous abordons les solutions proportionnées au trafic.

Nous avons partagé chacune de ces parties en un assez grand nombre de chapitres et de paragraphes, afin de mettre plus de clarté dans notre exposé.

Les quatre premiers chapitres forment la première partie; la seconde est composée des huit suivants.

Dans le premier chapitre, nous examinons la solution suivie jusqu'à présent.

Le deuxième traite du trafic probable.

Le troisième définit ce que doit être un chemin de fer d'intérêt local; et, à ce sujet, nous entrons dans quelques détails sur les lignes qu'il convient de subventionner, sur le monopole et sur la concurrence en matière de chemins de fer.

La nécessité de modifier la solution fait l'objet du quatrième chapitre.

Le chapitre cinq, qui commence la deuxième partie, traite de la composition du capital de construction. A ce propos, nous nous étendons sur le calcul de la *subvention*, le mode d'opérer de l'administration des travaux publics en matière de concessions de chemins de fer et l'abaissement des tarifs.

Dans le sixième, nous indiquons les solutions, avec ou sans subvention, et citons les opinions en faveur des *voies étroites,* que nous sommes conduits à adopter en général.

Le chapitre sept est rempli par la réfutation des objections faites à la voie étroite, notamment le *transbordement.*

Dans le chapitre huit, nous examinons les prix des solutions proposées.

Les avantages particuliers de la voie étroite sont développés dans le chapitre neuf.

Le dixième compare la voie étroite à la voie large dans le cas d'un faible trafic et dans l'hypothèse d'une transformation en voie large, par suite d'une augmentation très considérable des recettes.

Dans le onzième, nous examinons pourquoi il n'y a

pas de chemins à voie étroite à voyageurs en France, et si peu de chemins économiques.

Enfin, le résumé et la conclusion font l'objet du chapitre douze et dernier.

Nous avons partout évité d'entrer dans des détails techniques : notre ouvrage est écrit plutôt pour les gens du monde que pour les ingénieurs.

Nous ajouterons, en terminant, que tous les chiffres que nous avançons sont *indiscutables* : ils résultent de faits, d'expériences, ou sont admis par les autorités les plus compétentes, que nous avons, du reste, souvent citées à l'appui.

L. DAGAIL.

Angoulême, juillet 1870.

DES

CHEMINS DE FER D'INTÉRÊT LOCAL

ou

CHEMINS A FAIBLE TRAFIC

PRÉLIMINAIRES

ÉTAT ET IMPORTANCE DE LA QUESTION

L'utilité des voies ferrées n'est plus à démontrer, et la question des chemins de fer d'intérêt local préoccupe tellement les populations qu'il est inutile d'insister sur son importance et son actualité.

Dans le but de vulgariser cette question, nous avons déjà publié plusieurs brochures (1). Nous nous sommes notamment étendu sur l'avantage à donner aux *compagnies locales* pour l'exécution des chemins de fer d'intérêt local, et nous avons

---

(1) *Avantages des compagnies locales;*
Mémoire sur un chemin de fer de Pons à Royan; évaluation comparative des chemins à voie de 1ᵐ et à voie de 1ᵐ50: système Larmanjat;
Chemins de 20 à 25,000 fr. le kilomètre.
Angoulême, chez Goumard; Paris, chez Dunod.

fait une évaluation comparative complète des chemins à voie de 1ᵐ et à voie de 1ᵐ 50.

Nous examinerons, d'une manière générale, dans ce qui va suivre, comment on pourrait arriver à établir promptement, et partout où ils sont nécessaires, ces chemins, que nous appellerons aussi *chemins à faible trafic* (1), comparativement aux grandes lignes existantes.

Voyons d'abord, en deux mots, où en est la question des chemins de fer en France.

La France est loin encore d'être au premier rang, et même d'être au niveau des puissances voisines.

Ainsi, comme longueur kilométrique, nous n'avons encore que 16,000 kilomètres, tandis que l'Angleterre en a 22,000 kilomètres.

Comparées à la surface de chaque pays, les longueurs concédées en Europe sont :

Pour la Belgique, de 8 kilom. 23 par myriam. carré.
    l'Angleterre... 7   11   —
    la Suisse..... 3   27   —
    les Pays-Bas.. 3   23   —
    la France..... 2   71   —
    la Prusse..... 2   47   —

Comparés à la population,
l'Angleterre a 747 kilomètres pour un million d'habitants.
la Suisse.... 530   —   —
la Belgique.. 492   —   —
la France.... 383   —   —
la Prusse.... 368   —   —

---

(1) La plupart des ingénieurs rangent parmi les chemins à faible trafic ceux dont la recette brute kilométrique est inférieure à 10,000 fr. par an.

Ces chiffres, pris dans les dernières statistiques, sont un peu plus élevés à l'heure qu'il est ; mais les proportions restent sensiblement les mêmes.

Ainsi, selon que l'on considère la longueur totale, la longueur par rapport à la surface et relativement à la population, la France ne se trouve qu'aux deuxième, cinquième et quatrième rangs. La Suisse même, ce petit pays si peu favorisé de la nature, est bien loin devant nous.

Pour égaler nos voisins, nous avons donc beaucoup à faire.

Ce qui peut prouver l'insuffisance de nos voies ferrées, ce sont les nombreuses demandes dont sont assaillis le gouvernement et les conseils généraux. Il n'y a pas de département où il n'y ait un ou plusieurs chemins à l'état de projet ou à l'étude. Dans beaucoup, la longueur des lignes proposées atteint 3 à 400 kilomètres. Le département de la Charente en demande à lui seul plus de 400 kilomètres (1), et beaucoup de ces chemins seraient très utiles et rendraient des services, *à condition d'être construits assez économiquement*, c'est-à-dire de manière que le prix fût en rapport avec le trafic à en attendre.

En admettant que chaque département ait encore besoin de 200 kilomètres de chemin de fer, cela représente une longueur de 15 à 18,000 kilomètres, chiffre énorme, et qui, ajouté à la longueur concédée actuellement, nous laisserait cependant

---

(1) La longueur des lignes demandées lors de la dernière session du conseil général était, en y comprenant la ligne de Chabanais à Confolens, de.... .... 350 kilom.

Depuis cette époque, des comités locaux ont fait étudier ou mis en avant une longueur de au moins........ .... 110 —

TOTAL demandé dans la Charente............ 460 kilom.

encore bien loin derrière l'Angleterre et la Belgique, comme longueur, par rapport à la surface de notre territoire. Et il faut remarquer que ces puissances établissent encore, elles aussi, des chemins de fer; mais nous ne pensons pas que notre réseau ait besoin d'être aussi serré que celui de ces deux pays.

En construisant ces futurs chemins comme on a fait jusqu'à présent les lignes locales, cette longueur à établir conduirait à engager un capital de *1.500 millions* à *2 milliards*.

On voit donc que l'importance de la question est considérable et mérite sérieusement de fixer l'attention des ingénieurs et des économistes ; car toute diminution notable sur le prix kilométrique se traduira par une énorme économie totale. On le comprend partout, non-seulement en France, mais aussi en Allemagne et en Angleterre, où on se préoccupe aussi depuis longtemps déjà des chemins de fer économiques : c'est que presque toutes les lignes productives, c'est-à-dire les lignes à fort trafic, sont construites, que beaucoup de chemins des nouveaux réseaux sont exploités à perte, et que le besoin de modifier profondément le mode de construction et d'exploitation se fait partout impérieusement sentir.

Lorsque toutes les grandes questions économiques sont à l'étude, et que notamment une commission spéciale s'occupe de ce qu'il y a à faire pour le développement de nos travaux publics, nous pensons que le moment est bien choisi pour traiter celle, si importante, des chemins de fer d'intérêt local.

Les faits que nous avancerons sont connus de la plupart des hommes spéciaux, et beaucoup des idées que nous émettrons ont déjà été discutées dans les séances de la Société des ingénieurs civils de France et sont admises par la majorité de ses membres. Mais tous ces faits sont, en général, très ignorés du public, et ces idées très peu répandues. **En matière de chemins** de fer économiques, l'opinion publique, en France, est en retard sur celle des autres pays ; c'est pourquoi nous pensons qu'il est très utile de parler souvent de ces questions dans la grande presse quotidienne, et c'est ce qui nous engage aussi à publier cette brochure.

Nous examinerons d'abord, d'une manière sommaire, comment on a résolu jusqu'à présent la question des chemins de fer d'intérêt local.

Nous verrons ensuite que les recettes probables des chemins projetés ne peuvent, le plus souvent, justifier la solution adoptée, et qu'ainsi il y a lieu de modifier la manière de procéder.

Enfin, nous aborderons la solution du problème, en proportionnant, même pour les plus faibles trafics, le prix des chemins aux revenus à en attendre, de manière à n'établir, en général, que des lignes *productives*.

PREMIÈRE PARTIE

CHAPITRE 1ᵉʳ.

SOLUTION SUIVIE JUSQU'A PRÉSENT.

§ 1ᵉʳ. — *Loi de 1865.*

Pour régler le mode d'établissement des chemins de fer d'intérêt local on a fait la loi du 12 juillet 1865, qui est un progrès, et qui diffère notamment de la loi de 1842, qui a établi nos grandes lignes.

La disposition fondamentale de cette loi, et ce qui la distingue surtout de celle de 1842, est la substitution de l'autorité départementale à l'autorité ministérielle.

Jusqu'à présent cette loi n'a produit, cependant, que des chemins de fer ayant bien le nom de chemins de fer d'intérêt local, mais ne différant presque en rien, comme construction et comme exploitation, des lignes précédemment construites : ils ne sont, en général, d'intérêt local que par la *forme* de la concession.

§ 2. — *Prix des chemins exécutés jusqu'à présent.*

Les plus économiques de ces chemins ont coûté de 80 à 120,000 fr. le kilomètre, matériel roulant compris ; et en admettant le matériel ordinaire, il est à peu près impossible de construire pour une somme inférieure, à moins d'opérer dans un pays très facile, où l'on peut descendre jusqu'à 75,000 fr. ;

et même quelquefois 70,000 fr.; mais on doit considérer le minimum moyen comme compris entre ces chiffres de 80 à 120,000 fr. (1).

Jusqu'à présent, on n'a pu exploiter ces chemins à moins de 6 à 8,000 fr. par an et par kilomètre, 5,000 fr. au dernier minimum.

Les subventions de toutes natures accordées aux compagnies concessionnaires ont été, en général, de 30 à 60 p. 100 du montant des dépenses, c'est-à-dire que le capital industriel, celui devant produire intérêt, a été de 40 à 70 p. 100, soit de 30 à 80,000 fr.

§ 3. — *Limite inférieure de la recette brute permettant d'adopter la solution suivie.*

Quelle doit être la *recette brute* pour que l'opération d'une compagnie, dans les conditions ci-dessus, soit financièrement acceptable ?

Il est bien facile de s'en rendre compte.

Pour un chemin estimé 100,000 fr., dont 50,000 fr. seraient fournis par la compagnie et devraient ainsi rapporter 6 p. 100 d'intérêt au moins, et dont les frais d'exploitation seraient supposés de 6,000 fr., il faudrait une recette brute annuelle de 9,000 fr. par kilomètre.

Aussi tous les ingénieurs sont aujourd'hui parfaitement d'accord sur ce point que, en général, construire et exploiter un chemin de fer a large voie et matériel ordinaire, avec une recette brute annuelle moindre de 8 à 10,000 fr. par kilomètre, est une *mauvaise spéculation*. Quelques ingénieurs sont même d'avis qu'on ne devrait pas établir de chemins de fer au-dessous de 12,000 fr. de recettes brutes par kilomètre.

---

(1) Pour les grands réseaux français le prix moyen a été de 417,000 fr. le kilomètre. Les chemins à une voie ont coûté de 140 à 220,000 fr.

On peut donc poser en principe *que les chemins de fer d'intérêt local construits à voie de 1ᵐ 50 et exploités avec le matériel
ordinaire doivent donner, AU MOINS, une recette brute de
8 A 10,000 FR. par an et par kilomètre* (1).

CHAPITRE II.

DU TRAFIC. — RECHERCHES SUR LE TRAFIC PROBABLE DES LIGNES
RESTANT A ÉTABLIR.

Nous allons voir maintenant s'il est facile de trouver cette
recette de 8 à 10,000 fr. sur les lignes restant à faire.

Comme nous avons eu déjà occasion de le dire, il est assez
difficile d'évaluer le *trafic probable* d'une ligne à construire.
Jusqu'à présent, on s'est presque toujours trompé. Pour les
premiers chemins de fer, les recettes prévues se sont trouvées
beaucoup au-dessous de la vérité ; pour les nouveaux réseaux,
au contraire, les produits ont été très souvent inférieurs aux
recettes supposées. Aujourd'hui, cependant, pour les petites
lignes locales, il est très possible d'arriver à une évaluation
suffisamment exacte ; mais il faut pour cela un travail minu-
tieux, long, et surtout très consciencieux (2).

§ 1ᵉʳ. — *Méthode Michel*.

Pour une étude sommaire, un système assez bon consiste à
examiner ce qui se passe sur les lignes traversant des contrées
analogues à celle où l'on veut projeter un chemin. Actuellement, il y a déjà assez de chemins de fer pour que cette comparaison soit possible.

---

(1) Voir plus loin, chap. IV, § 4, et chap. VI, § 5.
(2) Voir notre brochure : *Des Chemins de fer d'intérêt local ; avantages des compagnies locales.*

M. Michel, ingénieur des ponts et chaussées et de la compagnie des chemins de fer Paris-Lyon-Méditerranée, a proposé une méthode très ingénieuse, basée sur ce principe.

Pour cela, il a établi la relation qui existe, sur la plupart des lignes françaises, entre les populations des contrées traversées et le nombre des voyageurs et de tonnes de marchandises ; il en déduit une formule très simple au moyen de laquelle on calcule très rapidement et assez exactement le trafic probable d'une ligne : on se sert d'un coefficient variable pour tenir compte du plus ou moins de richesses agricoles et industrielles des localités traversées.

Pour bien nous pénétrer de cette méthode, nous nous sommes mis en relation avec M. Michel, et ensuite nous avons appliqué sa formule à un assez grand nombre de chemins projetés dans nos départements de l'Ouest, notamment dans la Charente et la Charente-Inférieure. En général, nous arrivons à des recettes brutes kilométriques annuelles de 5 à 6,000 fr., quelquefois seulement 3 à 4,000 fr., et plus rarement 7,000 fr.

Et nous ferons remarquer que ce procédé donne la recette normale, c'est-à-dire la recette au bout de quelques années d'exploitation, et qu'appliqué par son auteur ou par nous à un grand nombre de lignes en exploitation dans diverses régions de la France, il a fourni, en général, des résultats plutôt trop élevés que trop faibles.

§ 2. — *Observation sur le comptage.*

Le procédé du comptage de la circulation qui s'opère périodiquement (tous les cinq ans) sur les routes impériales et départementales de tout l'Empire et, dans quelques départements, sur les chemins vicinaux de grande communication, peut aussi fournir quelquefois de bons renseignements pour contrôler, dans une étude complète du trafic, d'autres documents ; mais employé seul, il donne souvent des résultats erronés, généralement trop élevés : nous pouvons citer notamment comme exemple les lignes vicinales d'Alsace et le chemin de Vitré à Fougères (Ille-et-Vilaine).

§ 3. — *Exemples de faibles trafics.*

Ces faibles recettes de 5 à 6,000 fr. seulement trouvées pour les chemins de fer d'intérêt local, c'est-à-dire des lignes tout à fait secondaires, ne doivent point étonner, quand on pense que plus de 2,000 kilomètres de nos grandes compagnies ont des recettes brutes inférieures à 10,000 fr., dont le plus grand nombre ne font pas leurs frais d'exploitation (la compagnie du Midi en a, à elle seule, plus de 800 kilomètres). Cependant, beaucoup de ces lignes aboutissent à de grandes villes et traversent des contrées riches et industrielles.

Nous avons fait le relevé de ces lignes, et nous citerons notamment :

Les trois chemins de fer départementaux de la riche, industrieuse et populeuse Alsace (chemin de *Strasbourg à Barr, Mutzig et Wasselonne* ; chemin de *Hagueneau à Niederbronn* ; chemin de *Schlestadt à Sainte-Marie-aux-Mines*), desservant des localités importantes, qui ne rapportent que 8,800 fr., 7,000 fr. et 6,100 fr. de recettes brutes annuelles par kilomètre au bout de quatre ans d'exploitation : la recette des deux derniers a même été de 7,300 fr. et 6,200 fr., c'est-à-dire qu'elle semblerait rendue à son maximum. — Lorsque la compagnie de l'Est a accepté l'exploitation de ces lignes, elle comptait sur un trafic de 10,000 fr.

La ligne de Troyes à Bar-sur-Seine (Est) ne fait que 8,660 fr. au bout de six ans, après avoir fait 8,860 fr.

La ligne de Bologne à Neufchâteau ne fait que 6,000 fr.

La ligne de Flambouin à Montereau ne fait que 5,700 fr. après dix ans et après avoir fait 5,900 fr.

Le chemin de Conche à l'Aigle (Ouest) ne fait que 6,700 fr. après trois ans d'exploitation : l'Aigle est un centre industriel.

Nantes à Napoléon-Vendée, ligne ouverte en 1866, ne fait que 8,500 fr.

Agen à Andrest (Midi), ligne de 110 kilomètres, ne fait que 7,076 fr.

Perpignan à Port-Vendres donne 4,717 fr.

Mont-de-Marsan à Tarbes (99 kilomètres) produit 8,820 fr. après dix ans d'exploitation.

Le chemin de Brioude à Langeac (Paris-Lyon-Méditerranée) ne fait que 6,000 fr. de recettes après trois ans.

Gray à Besançon et Fraisans, 5,300 fr.

Montbéliard à Delle, 3,900 fr.

Annecy à Aix produit 6,800 fr. au bout de trois ans.

Nous pourrions en ajouter un grand nombre dont la nomenclature serait trop longue.

On voit que ces lignes sont de lourdes charges, et qu'il faut que les grandes lignes principales donnent des recettes *énormes* pour permettre aux compagnies de donner à leurs actionnaires des dividendes généralement très satisfaisants (1).

Mais il est facile de comprendre que si ces lignes improductives avaient été construites plus économiquement, c'est-à-dire proportionnées aux trafics qu'elles devaient desservir, la fortune publique y aurait beaucoup gagné, et l'économie se

---

(1) Les recettes brutes moyennes par kilomètre et par an sont, pour l'ensemble de nos six grands réseaux, de 43,500 fr. (exercice 1868). — Les dépenses ordinaires par kilomètre sont, en moyenne, de 20,000 fr. — Parmi les chemins européens, ce sont les chemins français dont la recette brute est la plus élevée.

serait traduite par des diminutions de tarifs ou un bénéfice pour l'État et les actionnaires.

§ 4. — *Conclusion relative au trafic des lignes locales. — Comparaison.*

Si beaucoup de lignes des grands réseaux arrivent à peine à des recettes de 8 à 10,000 fr., comment veut-on que le plus grand nombre des chemins de fer d'intérêt local puissent prétendre à cette recette? Ce n'est pas admissible. Malgré toute notre bonne volonté et le désir que nous aurions qu'il en fût ainsi, nous ne voyons pas, notamment, par quelles heureuses circonstances particulières les lignes projetées dans les Charentes arriveraient à de pareilles recettes et encore moins à des recettes supérieures, comme quelques promoteurs veulent bien l'annoncer.

M. Thirion, ingénieur en chef des ponts et chaussées et directeur du réseau central de la compagnie d'Orléans, dans un travail remarquable adressé au Conseil d'État (1), après avoir établi la nécessité d'une recette brute de 10,000 fr. pour justifier l'établissement d'une grande voie, s'exprime ainsi :

« *Nous sommes portés à croire qu'en faisant l'inventaire des* « *lignes secondaires réclamées et attendues dans les départe-* « *ments, on en trouvera un grand nombre dont le produit n'at-* « *teindra pas, ou du moins ne dépassera pas 6 à 7,000 fr. par* « *kilomètre et par an.* »

La plupart de ceux qui liront ces lignes connaissent parfaitement la ligne des Charentes. En voyageant sur ce chemin, on s'aperçoit d'un assez grand trafic en voyageurs et en marchandises, surtout en voyageurs. Eh bien ! les recettes ne sont

(1) Observations sur le projet de loi de 1865 sur les chemins de fer d'intérêt local.

encore que de 15 à 16,000 fr. brut par an et kilomètre : la vingt-cinquième semaine de 1870 18-24 juin) n'a même produit que sur le pied de 13,901 fr. 16 c.

Est-ce que les chemins d'intérêt local demandés dans la Charente et les départements limitrophes ne seraient pas heureux d'avoir un trafic qui serait la *moitié* et même le *tiers* seulement de celui des Charentes ? A notre avis, ce serait déjà un beau résultat pour une petite ligne d'intérêt local.

En comparant la circulation des routes que le chemin des Charentes a remplacées, prise avant et après son ouverture, au trafic des autres routes du département, on peut en déduire approximativement le trafic des chemins de fer qui remplaceraient ces dernières routes. Nous avons fait le calcul, en tenant compte des circonstances, et nous trouvons des trafics de 3 à 6,000 fr. par kilomètre.

Ce qui donne de gros trafics, ce sont le *transit* et les *usines*. Or, un chemin de fer d'intérêt local de 10, 20, 30 kilomètres, rarement plus long, ne peut guère, en général, espérer avoir un *transit important*; il ne peut compter que sur un *trafic local;* d'un autre côté, le plus grand nombre des chemins demandés, notamment dans les Charentes, auraient peu d'usines à desservir, parce que les localités traversées sont bien plutôt agricoles qu'industrielles.

Nous avons sous les yeux le rapport à l'appui d'une étude de chemin de fer d'intérêt local faite de la *Ferté-Gaucher* à *Coulommiers* (Seine-et-Marne) par un ingénieur distingué, M. Chauveau des Roches. La ligne traverse une vallée très riche et très fertile; sur une étendue de 20 kilomètres seulement on rencontre *onze papeteries*, *neuf moulins;* le service des voyageurs est fait par *quatre* voitures publiques; il y a aussi un trafic en laine et en vins; il y aura *sept* stations. Malgré tous ces éléments de trafic, les recettes brutes, très exac-

tement calculées, ne sont que de 9,657 fr. par an et par kilomètre; mais on fait des études *sérieuses*.

Où est, dans la Charente, le chemin d'intérêt local qui a
seulement la moitié des éléments du trafic ci-dessus? Nous ne
croyons pas qu'il y en ait! Et dans le plus grand nombre de
nos départements, les lignes locales pouvant espérer de pareilles
recettes sont très rares.

§ 5. — *Trafic brut de 5,000 fr.*

Les promoteurs de chemins de fer d'intérêt local qui avan-
cent, souvent sans s'en rendre compte et sans aucun calcul
préalable, de gros trafics, ne se figurent pas ce que c'est qu'un
trafic de 5 à 6,000 fr. par an et par kilomètre, et combien il
faut déjà de tonnes et de voyageurs pour arriver à cette faible
recette.

Nous allons l'examiner rapidement.

Nous considérons un embranchement de 20 kilomètres de
longueur (moyenne de la plupart des chemins locaux concédés). Supposons une recette égale de 2,500 fr. pour les voyageurs et de 2,500 fr. pour les marchandises : pour former une
recette de 5,000 fr., il faudrait prendre un peu moins de
2,500 fr. pour chacune de ces deux natures de recettes, parce
que les recettes diverses représentent environ un dixième du
trafic; mais cela est peu important pour notre calcul, dont le
résultat représentera assez exactement les voyageurs et les
tonnes correspondant à une recette de 5,000 à 5,500 fr.

Nous prendrons pour les voyageurs un tarif de 7 centimes
par tête et par kilomètre, bien supérieur au tarif moyen perçu
sur les grandes lignes, qui est de 5 centimes 31 ; pour les
marchandises, nous adopterons le tarif de 12 centimes par
tonne et par kilomètre, double du tarif moyen actuel (le tarif

moyen des six grandes compagnies est de 5 centimes 97 ; celui des compagnies diverses est de 12 centimes 78 ; la moyenne, en tenant compte des quantités, est de 6 centimes 02). Ces tarifs, bien que très élevés, seraient encore très avantageux pour le commerce et l'industrie, parce qu'ils ne seraient guère que le tiers de ce que le roulage perçoit pour les marchandises.

En partant de ces bases, et en supposant que chaque voyageur et chaque tonne de marchandise parcourra, en moyenne, les deux tiers de la longueur du chemin, on trouve qu'il faudrait par jour :

140 voyageurs,

Et 92 tonnes de marchandises.

Si le trafic était le même dans les deux sens, il faudrait ainsi dans chaque sens un mouvement de :

70 voyageurs,

Et 46 tonnes de marchandises.

En supposant un rendement de 15 hectolitres de blé à l'hectare, ces 46 tonnes représentent la récolte de 18 hectares.

Si l'on suppose que les produits transportés soient des vins ou des eaux-de-vie, et si l'on admet une production moyenne de 20 barriques de 200 litres par hectare, on trouve que 46 tonnes (moitié du tonnage journalier) représentent la récolte de 9 hectares en vin ou de 60 à 90 hectares en eaux-de-vie.

On voit qu'il ne faudrait pas longtemps pour transporter tous les produits agricoles d'une région.

Ainsi, *avec des tarifs élevés il faut, pour assurer une recette brute annuelle de 5,000 à 5,500 fr. par kilomètre à un embranchement de 20 kilomètres, 140 voyageurs et 92 tonnes de marchandises par jour.*

§ 6. — *Résumé sur l'importance du trafic.*

Il est permis de se demander si, dans le plus grand nombre des départements, notamment dans la Charente et les départements limitrophes, à part pour ces derniers la ligne d'Angoulême à Limoges, beaucoup des chemins projetés, d'intérêt local ou même général, pourront avoir un pareil trafic. D'accord avec M. Thirion, nous ne le pensons pas; car presque tous ceux projetés que nous connaissons ne le donneront certainement pas.

Ainsi, on peut parfaitement conclure de ce qui précède qu'il est à peu près impossible pour les lignes restant à construire, particulièrement dans les Charentes, d'arriver à avoir un trafic pouvant permettre dans des conditions financières acceptables l'exécution de chemins à voie et matériel ordinaires, coûtant au moins, comme nous l'avons dit, 80,000 fr. à 120,000 fr. le kilomètre et exigeant 8 à 10,000 fr. de produit brut, c'est-à-dire un produit double de celui que l'on aura très souvent.

CHAPITRE III.

CE QUE DOIT ÊTRE UN CHEMIN LOCAL.

§ 1er. — *Esprit de la loi de 1865.*

Beaucoup de promoteurs de chemins de fer d'intérêt local ne sont pas, en général, arrêtés par le manque de trafic; ils l'inventent quand il n'existe pas (1); à défaut d'un *trafic local* suffisant, ils pensent au trafic qu'ils pourront enlever aux lignes

---

(1) Nous connaissons des exemples où l'on a exagéré jusqu'à *cinq* et *dix* fois les tonnages réels.

voisines, et bâtissent leurs projets sur ce trafic tout à fait *imaginaire*. Il n'est pas rare ainsi de voir des projets présentés avec des recettes de 10 à 12,000 fr., tandis que, comme nous l'avons démontré dans le chapitre précédent, les lignes pouvant fournir seulement la moitié forment l'immense majorité.

A ce sujet, nous croyons utile de dire ce que doit et peut être, en général, un chemin de fer d'intérêt local.

Si la loi de 1865 ne le dit pas textuellement, le rapporteur du projet de loi l'explique bien clairement :

Ces chemins, dit-il, *doivent relier les localités secondaires entre elles, ou avec les grandes lignes en exploitation, mais ne doivent pas détruire l'équilibre des réseaux créés par l'État.*

En d'autres termes, la loi de 1865 a eu en vue plutôt des chemins de fer *perpendiculaires* ou *obliques* aux grandes lignes que des voies *parallèles*, qui feraient double emploi avec elles.

Cette définition qui, à première vue, peut paraître trop se préoccuper de l'intérêt des grandes lignes existantes, est cependant, sainement et libéralement interprétée, fort sage, comme nous le démontrerons sur des exemples.

§ 2. — Erreur des promoteurs de chemins de fer locaux.

Contrairement à l'esprit de la loi, si bien indiqué par les explications du rapporteur, nous avons vu par les exposés à l'appui des lignes d'intérêt local demandées, surtout dans les Charentes, combien on perd de vue ce caractère essentiel des chemins de fer d'intérêt local : — nous avons vu surgir récemment, en effet, de nouvelles lignes de La Rochelle à Bordeaux et de La Rochelle à Limoges.

Il est bien évident, d'abord, qu'on ne peut considérer comme ayant un caractère d'*intérêt général* ces nouvelles voies ferrées ; celles partie exploitées et partie en construction coûtent, à l'impôt seulement, 100 à 160,000 fr. par kilomètre. — Pour couvrir l'intérêt du capital engagé dans la construction et les frais d'exploitation, il faudra un trafic d'au moins 20,000 fr., chiffre qui ne sera peut-être pas atteint de longues années. Il n'est donc pas raisonnable de vouloir établir une concurrence à ces lignes qui n'allongent pas beaucoup le parcours, et, dans tous les cas, il est complétement inadmissible d'admettre que ces secondes lignes seraient subventionnées par l'impôt, qui a contribué à l'établissement des premières.

Ces lignes ne peuvent, du reste, s'établir dans des conditions à faire concurrence aux premières qu'à l'aide de fortes subventions; et, d'ailleurs, pourraient-elles facilement faire concurrence à celles existantes ?

Par exemple, pour la ligne de Limoges à La Rochelle, il est évident qu'on ne peut trouver une ligne plus avantageuse que celle suivant la vallée de la Charente; toute ligne appelée à la remplacer, à peu près dans les mêmes conditions de rampes et de courbes, coûterait beaucoup plus cher; on ne peut admettre que les marchandises partant de Limoges ou de La Rochelle quitteraient, en un point du parcours, la ligne actuelle pour s'engager sur une voie qui ne pourrait être qu'inférieure en tous points.

Ce serait donc une folie de vouloir faire concurrence à ces lignes par plusieurs tronçons de chemins locaux situés bout à bout.

Ces différents tronçons ne peuvent être que des lignes essentiellement locales ; *il est donc sage* de ne les projeter qu'en vue du trafic local, le seul qu'elles puissent espérer.

Pourquoi alors les promoteurs cherchent-ils toujours à donner à leurs lignes un grand caractère d'intérêt général ?

Si c'est pour les faire subventionner par l'État comme grandes lignes, nous pensons qu'il n'y faut pas songer; car, en présence des lignes établies ou concédées, *elles n'ont nullement ce caractère.*

Si c'est pour les faire exécuter comme chemins de fer d'intérêt local, on cherche à leur en ôter le caractère et on va contre le but qu'on se propose, ces chemins ne devant pas être établis pour faire concurrence aux grandes lignes, surtout quand ces grandes lignes, comme dans l'espèce que nous considérons, ne sont pas terminées *ou ne couvrent pas par leurs recettes l'intérêt de l'énorme capital engagé.*

Le plus souvent, une grande compagnie n'aurait rien à craindre d'un chemin local qui voudrait lui faire concurrence; mais ce serait une cruelle déception pour la petite compagnie d'avoir compté sur un trafic qu'elle ne pourrait avoir. C'est pourquoi le législateur a été prudent en disant que les chemins de fer d'intérêt local ne devaient pas faire concurrence aux grandes lignes déjà faites; il a voulu les avertir de ne point compter sur le trafic des autres lignes; et cela parce que cette concurrence serait, en général, tout à fait impossible : un chemin local doit être un *affluent* plutôt qu'un *concurrent.*

Pour présenter les doubles lignes, desservant les mêmes intérêts généraux, les promoteurs émettent souvent les idées les plus bizarres appuyées par les arguments les plus étranges.

Ainsi, on a découvert récemment, dans les Charentes, un tronçon passant par Matha et Rouillac, que l'on présente comme faisant partie et complétant la.... *grande voie des deux mondes !* On ne s'attendait point à trouver l'Amérique dans cette affaire.

Cette ligne n'est pas, dit-on, *le résultat d'une combinaison récente;* elle est consacrée par les siècles et le génie d'un grand ministre; c'est le trait d'union le plus direct entre La Rochelle et Limoges; c'est la ligne rêvée par le génie de Turgot; enfin, c'est *la grande voie des deux mondes.*

Ce qu'il y a d'étonnant, c'est qu'on ait concédé plus de 20,000 kilomètres de chemins de fer en France sans penser à *cette grande voie des deux mondes;* ce qui est plus étonnant encore, c'est que les promoteurs ne l'aient pas opposée à la ligne de Limoges à Rochefort par la vallée de la Charente. C'était le bon moment de la présenter : ils ne l'ont pas fait; ils ont sans doute pensé, avec raison, que l'on prendrait pour une plaisanterie une ligne laissant de côté une grande vallée et des villes importantes pour traverser un pays plus accidenté en passant par Vars, Rouillac et Matha, pour former cette magnifique *ligne des deux mondes.*

Il est vrai que cette ligne semble un peu plus courte que celle actuellement en construction.

Mais admettons qu'elle soit construite, ou même seulement concédée. Est-ce que les habitants de Saint-Claud, Mansle, Aigre, etc., ne pourront pas venir dire, avec beaucoup plus de raison qu'on ne le dit actuellement : Mais, les lignes construites ne sont pas du tout celles qu'avait rêvées le génie de Turgot; voyez, celle qui passerait dans nos localités serait bien plus *directe*; c'est elle qui serait la *véritable* grande voie des deux mondes.

Ces quelques mots doivent suffire pour montrer l'étrangeté de pareilles lignes.

Que l'on considère ces chemins comme chemins locaux, à trafic local, qu'on les construise comme tels, très bien ! Mais vouloir donner à ces lignes un caractère général, national et universel, c'est tout simplement absurde (1).

Nous avons remarqué, du reste, que pour toutes les lignes

---

(1) Un de ces chemins, et qui serait l'un des meilleurs que l'on pourrait établir dans la Charente, serait celui de Rouillac à Vars. Comme le pays est accidenté et qu'il y a une grande vallée à franchir, ce chemin pourrait coûter 50,000 fr le kilomètre. Avec les subventions probables, il suffirait à une compagnie locale de 400 à 500,000 fr. seulement pour construire ce chemin, qui pourrait parfaitement être prolongé plus tard vers Saint-Jean-d'Angély.

dont on a parlé dans les Charentes, et allant plus ou moins de l'ouest à l'est ou au midi, les promoteurs ont toujours pris pour tête de réseau l'Océan et la Méditerranée, et ont rêvé le trafic de Marseille à l'Océan, et même celui de la Chine et du Japon par Suez, abandonnant les grandes lignes déjà faites pour passer sur leurs chemins forcément tortueux et montagneux : c'est se faire complétement illusion.

La récente période électorale nous a aussi montré une combinaison ingénieuse pour exécuter les 3 à 400 kilomètres de chemins locaux de la Charente.

D'après ce que nous avons vu précédemment, il est incontestable qu'on ne peut compter que sur un produit brut moyen à peine égal à 5,000 fr. par an et par kilomètre.

Malgré cela, un administrateur de grande compagnie proposait de faire charger sa compagnie, « qui pourrait trouver facilement des capitaux. » de l'exécution de tous ces chemins au prix moyen de 130 à 140,000 fr. par kilomètre.

Ce projet ne peut être sérieux, puisque ces chemins *coûteraient plus d'exploitation qu'ils ne rapporteraient.*

Ils ne pourraient être exploités que dans de très mauvaises conditions pour la compagnie et pour le public.

C'est une solution à recommander aux populations qui ne tiendraient qu'à avoir des *chemins de parade* qui les desserviraient très mal, et aux actionnaires qui tiendraient plus à voir allonger leur réseau que leur dividende.

Il est vrai que les administrateurs pourraient y gagner d'être envoyés au conseil général par les populations reconnaissantes !

§ 3. — *Lignes à concéder et à subventionner.*

De l'esprit de la loi et de ce qui précède on peut parfaitement conclure et poser en principe que l'impôt ne doit pas subventionner deux lignes rivales, à moins qu'elles ne desservent des intérêts différents, que la première soit insuffisante ou possède un très grand trafic.

Ainsi, nous comprendrions parfaitement la concession de la ligne de *Givors* à *Saint-Étienne*, dont on parle beaucoup depuis quelque temps, parce que cette ligne concurrente du réseau de Lyon ne peut pas *détruire l'équilibre* de ce réseau.

Mais, malgré tout le libéralisme dont on soit animé en matière de chemins de fer, il serait quelquefois permis de se demander si telle ligne doit être concédée. Tout le monde comprendra, en effet, que, par exemple, l'État pourrait parfaitement autoriser la compagnie des Charentes à établir une petite ligne faisant concurrence à la compagnie d'Orléans (il l'a déja fait), parce que le dommage pour cette puissante compagnie serait très faible ; tandis qu'au contraire il ne pourrait autoriser la compagnie d'Orléans à construire le moindre tronçon faisant double emploi avec une ligne des Charentes.

En général, cependant, toute concession demandée sans subvention doit être autorisée ; mais, à mesure que notre réseau se complète, ces questions de concessions, avec ou sans subvention, deviennent pour le ministre des questions extrêmement complexes et délicates.

Le gouvernement se trouve souvent dans une fausse position que lui a créée le système forcé des subventions et des garanties d'intérêt : nous disons forcé, car il est incontestable que sans la grande initiative et le puissant concours du gouvernement, la France n'aurait à l'heure qu'il est que peu de chemins de fer ; mais malheureusement on ne s'est pas arrêté à temps et on a été trop loin dans la voie de la protection.

Si le ministre refuse une concession, on ne manque pas de crier à l'arbitraire, de dire que l'administration encourage le monopole, et que c'est une conduite antilibérale ; et le public a généralement raison.

Si, au contraire, le gouvernement concède, même sans subvention, une ligne faisant concurrence à une autre, la compagnie lésée ne manque pas de dire : « Mais vous nous avez forcé de prendre telle et telle ligne où nous perdons ; il n'est pas juste donc de nous donner des concurrents où nous avons de gros trafics. » Raisonnement également juste aussi, en général.

Cependant, l'État ayant le droit, d'après le cahier des charges, de concéder de nouvelles lignes, comme nous le disions tout à l'heure, toutes les concessions demandées sans subvention, sauf des exceptions *extrêmement rares*, devraient être accordées ; et même, quoique une ligne secondaire puisse faire concurrence à une grande ligne, elle pourrait parfaitement être encouragée lorsque cette grande ligne a une recette énorme (40 à 50,000 fr.) et que la petite ligne dessert des intérêts généraux différents : c'est une appréciation à faire dans chaque cas particulier, et chaque question doit toujours être résolue dans le sens le plus libéral.

Le système des *subventions* est forcément incompatible avec la *liberté complète*, en matière d'établissement de chemins de fer ; c'est pourquoi nous désirerions que, dans ces questions, l'État cherche à se désintéresser de plus en plus, arrive à être complétement *neutre*, et n'intervienne que pour autoriser toutes les lignes que les compagnies pourraient construire ; nous ne voudrions plus que des subventions locales, et même seulement des subventions particulières.

§ 4. — *Monopole.*

Pour expliquer et justifier les doubles lignes, desservant les mêmes intérêts généraux, on fait, toujours au point de vue général, sonner le grand mot de *monopole*.

Mais on abuse souvent de ce mot.

Le *monopole* nuit souvent peu à l'intérêt général qui est mis en avant. (Et, bien entendu, on doit comprendre par intérêt général, l'intérêt de la masse de la population, et non pas l'intérêt de telle ou telle classe de particuliers.)

Un exemple bien simple fera ressortir cette vérité :

La construction d'une ligne de chemin de fer parallèle à une autre fait baisser un tarif de *trois centimes* par tonne (1,000 kilogrammes) et par kilomètre. Cette réduction, énorme pour un tarif de chemin de fer, appliquée à 150 kilomètres (parcours moyen de la tonne sur les chemins français), fait une économie de *4 fr. 50 par tonne ;* mais, par kilogramme, de *45 centièmes de centimes seulement,* moins de *un demi-centime !*

Croit-on, s'il s'agit de sel ou de légumes secs, par exemple, que la ménagère en paiera la livre moins cher chez son épicier ? Évidemment non !

S'il s'agit de chiffons ou de papiers, se figure-t-on que le libraire vendra la main et même la rame de papier à un prix inférieur ? Pas du tout !

A qui profite donc cette économie ?

Souvent au négociant en gros ;

Quelquefois au marchand en détail ;

Mais presque jamais au consommateur.

Pour le premier, un commerce de 100 tonnes seulement lui procurera 450 fr. de plus de bénéfice.

On comprend donc parfaitement les plaintes du gros commerce et de la grande industrie contre les *monopoles de transport,* tandis que la majorité des consommateurs s'en plaint beaucoup moins.

Ce qui précède prouve qu'une ligne ferrée parallèle à une autre, pouvant coûter beaucoup d'argent, ne profiterait souveut, au point de vue commercial, qu'à un petit nombre de particuliers, et qu'il faut d'autres intérêts pour établir d'une manière avantageuse une ligne en concurrence avec une autre (1) Il faut d'abord qu'elle satisfasse des intérêts généraux différents.

Bien loin de nous, cependant, l'idée de vouloir encourager le *monopole*, qu'il faut *éviter* autant que possible. Mais nous avons voulu montrer seulement qu'au *point de vue général*, et étant donnée la situation actuelle des chemins de fer en France, le monopole des transports sur ces voies, regrettable il est vrai, est, dans bien des cas, peu dangereux ; et que, malgré les plaintes du commerce et de l'industrie, *lorsqu'une ligne de chemin de fer existe, qu'elle suffit largement au trafic et qu'elle allonge peu, l'administration ne doit pas en subventionner une autre à côté ; elle ne doit que l'autoriser à ses risques et périls.*

Lorsque notre réseau sera terminé, que toutes les lignes indispensables seront construites, alors on pourra faire, concurremment aux lignes ayant les plus gros trafics, des lignes faisant complétement double emploi avec les premières ; mais jusqu'à ce moment-là nous soutenons qu'on ne doit point subventionner les lignes uniquement concurrentes, et que, même au point de vue du bon emploi de la fortune publique, il est regrettable de voir établir une ligne faisant double emploi avec une autre, lorsque la première suffit largement au trafic.

---

(1) Si un chemin coûte, par exemple, 200,000 fr et 8.000 fr. d'exploitation par kilomètre, c'est-à-dire, en prenant l'intérêt à 6 p. 100, a 20,000 fr. de frais et ne fait que 15 à 20,000 fr. de recettes, on ne peu admettre que, pour favoriser un groupe industriel ou commercial, on établisse un autre chemin ayant les mêmes frais et faisant à peu pres double emploi avec le premier *Les dépenses seraient hors de toute proportion avec les services rendus,* parce que la somme des recettes des deux lignes ne serait pas bien superieure au produit de la première avant l'établissement de la seconde.

§ 5. — *Concurrence en Angleterre et en Belgique.*

Après le monopole, et comme conséquence, on proclame sur tous les tons qu'il faut la concurrence pour arriver à l'abaissement des tarifs.

Sans doute, nous devons désirer la concurrence; mais comme la concurrence ne donne pas toujours d'aussi beaux résultats que ceux qu'on en attend, nous devons l'établir avec prudence et intelligence, et examiner surtout ce qui se passe chez nos voisins, où un système inverse au nôtre a amené une concurrence très grande, et nous devons chercher à tirer parti de leur expérience.

En Angleterre, les nombreuses compagnies se sont fait pendant longtemps une grande concurrence; mais aujourd'hui elles s'entendent, et les tarifs anglais sont *notablement plus élevés que les nôtres*, ce qui est assez naturel, parce que leurs chemins de fer ont beaucoup plus coûté que les chemins français.

En Belgique, l'État vient de racheter l'exploitation d'une partie des chemins de fer concédés à des compagnies privées, dans le but d'éviter les effets déplorables d'une concurrence qui rend impossible l'abaissement progressif des tarifs.

Dans l'exposé du ministre des travaux publics de Belgique, à l'appui du projet de loi, les vrais principes en matière d'exploitation des voies ferrées nous paraissent exposés avec une grande justesse; nous citerons donc quelques passages de cet exposé :

. . . .

« On a cru en Belgique, comme en Angleterre, que pour « assurer le bon marché des transports il fallait empêcher le

« monopole des chemins de fer ; qu'aux lignes existantes il
« fallait absolument opposer des lignes concurrentes.

« Or, l'expérience prouve que la concurrence des chemins
« de fer produit des effets en sens inverse ; qu'au lieu de la
« réduction, elle a pour *résultat final* le renchérissement des
« prix de transport.

« Ce qui se passe en Angleterre ne peut laisser aucun doute
« à cet égard.

« Dans ce pays de liberté commerciale et industrielle, on est
« si frappé des effets désastreux produits par la concurrence,
« que l'on considère le rachat des chemins de fer par le gou-
« vernement comme une nécessité prochaine. »

. . . .

« Relever les tarifs est une nécessité que leur situation finan-
« cière finit par imposer aux compagnies exploitant des lignes
« concurrentes. »

. . . .

« *On ne peut pas assez insister sur cette considération, que*
« *pour qu'un chemin de fer transporte à bon marché il faut*
« *qu'il soit en possession d'un trafic considérable.*

« *Plus le trafic d'une ligne grandit, plus les transports peu-*
« *vent s'y faire économiquement.*

« On comprend que si, entre les centres importants de pro-
« duction et de consommation, il était possible d'organiser des
« trains de marchandises complets allant, sans modification
« dans leur charge, du point de départ au point d'arrivée, on
« arriverait à une exploitation plus économique que lorsque
« la charge des trains, incomplète au point de départ, se mo-
« difie incessamment en route.

« *Accumuler sur des lignes uniques la plus grande somme pos-*
« *sible de trafic ;*

« *Choisir, à cet effet, les chemins dont le profil est le plus*
« *favorable à l'utilisation de la puissance des machines ;*

« *Réduire, sur toutes les autres lignes, le service des trains à*
« *ce qui est nécessaire aux besoins du trafic local ;*

« *C'est là incontestablement le programme de l'exploitation la*
« *plus fructueuse.*

« C'est là le programme qu'on aurait pu réaliser si les che-
« mins de fer d'un ordre secondaire avaient conservé le ca-
« ractère qui leur était propre.

« Mais il n'en a pas été ainsi.

« En se soudant les uns aux autres, les chemins concédés
« dans un but d'intérêt local ont formé de grandes lignes paral-
« lèles à des lignes préexistantes ; le trafic, au lieu de se con-
« centrer sur celles-ci, construites dans toutes les conditions
« d'une grande et facile exploitation, s'est reporté entre des
« itinéraires divers ; il suit, en partie, des chemins qui, à rai-
« son de leur tracé et de leur profil accidentés, ne sauraient,
« toutes choses égales d'ailleurs, lui offrir les mêmes condi-
« tions de bon marché. »

. . . .

« Mais, éclairés aujourd'hui par l'expérience, il nous est
« permis d'exprimer le regret que des chemins d'un ordre se-
« condaire aient cherché, ailleurs que dans le service en vue
« duquel ils ont été concédés, la rémunération des capitaux
« consacrés à leur construction.

« *Il eût été plus conforme à l'intérêt du pays que ces lignes*
« *n'étendissent pas leur sphère d'action au delà des intérêts*
« *locaux et servissent d'affluents aux lignes principales.*

« On serait ainsi arrivé plus sûrement au bon marché per-
« manent et progressif des prix de transport qui intéresse si
« vivement l'industrie du pays (1). »

Le pro et de loi a été voté par 53 voix contre 10.

---

(1) Extrait de *l'Économiste français*.

§ 6. — *Conclusions à tirer de ce qui précède pour les lignes restant à construire en France.*

Quelle est la conséquence que nous pouvons tirer de ce qui se passe en Belgique ?

C'est évidemment que toutes *nos lignes secondaires* et nos chemins de fer d'*intérêt local* doivent être construits seulement pour un *trafic secondaire* et pour un *trafic local*. Alors, lorsque l'État sera propriétaire (ce qui sera sans doute bien avant l'époque fixée pour l'expiration des concessions), il pourra accumuler le plus de transports possible sur les grandes lignes, laisser aux autres le trafic local seulement, et ne pas avoir ainsi à exploiter et entretenir des lignes tout à fait hors de proportion avec les services qu'elles sont et seront appelées à rendre (1).

CHAPITRE IV.

NÉCESSITÉ DE MODIFIER LA SOLUTION SUIVIE.

§ 1er. — *Effets de la loi de 1865.*

Dans les chapitres précédents, nous avons vu qu'il faut, en général, une recette kilométrique brute annuelle de 8 à 10,000 fr. pour justifier l'établissement d'un chemin à large voie et à matériel ordinaire, et que, le plus souvent, sur les chemins restant à établir, les recettes ne seront que de 5 à 6,000 fr. par kilomètre. On est donc forcé de conclure que la solution suivie jusqu'à présent, c'est-à-dire la construction de chemins peu différents de nos grandes lignes, n'est pas applicable au plus grand nombre de chemins d'intérêt local. Il est en effet impos-

---

(1) Voir plus loin, chapitre V, §§ 9, 10 et 11.

sible d'admettre, comme solution générale, une dépense minimum de 80,000 fr. et 5,000 fr. de frais d'exploitation pour des lignes devant donner 4 à 6,000 fr. de produit brut : on peut adopter cette solution quelquefois. par hasard, mais on ne peut l'ériger en système.

La loi de 1865, appliquée ainsi, ne peut servir qu'aux grands chemins départementaux, qui pourront offrir quelquefois un trafic suffisant; mais pour les autres, ce n'est pas une solution!

Les lignes que cette loi a produites ne diffèrent pas, en général, sensiblement des lignes des derniers réseaux : on y trouve même luxe et souvent même superflu de bâtiments, même matériel, même personnel (1), mêmes franchises, mêmes exigences de la part de l'administration et du public. Quelques cahiers des charges sont cependant conçus dans un sens assez libéral, et nous nous plaisons à citer de ce nombre celui du chemin de Barbezieux à Châteauneuf.

Cette loi aurait pu être appliquée dix ans plus tôt, du moins en ce qui concerne les principes économiques posés pour la construction et l'exploitation; elle aurait pu et dû être appliquée pour la plupart des lignes des 3e et 4e réseaux.

Pour les lignes locales, on a trop pris la loi à la lettre, au lieu d'en suivre l'esprit, qui indique qu'on devra faire souvent usage des chemins à dimensions réduites, chemins essentiellement économiques dont nous parlerons plus loin. La circulaire ministérielle adressée aux préfets pour leur expliquer la loi ne dit rien à ce sujet, de sorte que les conseillers généraux et les préfets ont pu croire que cette solution économique ne devrait pas être employée et que la voie ordinaire de 1m 50 était de rigueur.

---

(1) Sur les lignes d'Alsace, les frais de personnel sont seuls de plus de 2,000 fr. par kilomètre.

Ce qui prouve bien que la loi de 1865 est impuissante, ou mieux mal interprétée, ce sont ses résultats : au bout de quatre ans, elle n'a fait construire que 87 kilomètres de chemins et concédé 1,260 kilomètres qui seront exploités qui sait quand. Relativement à ce dont la France a besoin, c'est bien peu de chose.

§ 2. — *Il faut proportionner le chemin au trafic.*

Il est donc urgent de changer de système, en un mot, de construire selon le trafic et pas toujours de la même manière.

Il faut que la voie ferrée, que la machine de transport soit proportionnée au trafic et non pas faite souvent pour une recette tout à fait imaginaire : cela est évident. De même que les trafics varient communément de 4,000 à 50,000 fr., il faut (et cela est possible) que les prix des chemins varient dans les mêmes proportions (1) : c'est le moyen d'avoir toujours des lignes productives et d'arriver plus facilement aux transports à bon marché; car il est bien évident que, toutes choses égales, moins le chemin de fer aura coûté aux actionnaires, plus les tarifs pourront être bas.

Qu'on nous permette une comparaison tout à fait vulgaire : si on voyait un homme transporter un colis de quelques centaines de kilogrammes avec un attelage de cinq chevaux, on se moquerait certainement de lui. Eh bien ! les promoteurs et constructeurs de chemins de fer font aujourd'hui, dans beaucoup de cas, une chose absolument analogue.

Comme nous l'avons dit, le chemin de fer d'intérêt local doit être à nos grandes lignes ce qu'est un chemin vicinal à une route impériale.

---

(1) Cela conduirait à un prix de 36,000 fr. par kilomètre pour un chemin de 4,000 fr. de recettes, en supposant que celui donnant un produit de 50,000 fr. aurait coûté 450,000 fr.

§ 3. — *Projet modifiant la loi de 1865, soumis au Corps législatif.*

Nos législateurs ont parfaitement vu que la loi de 1865 n'avait pas produit tous les effets et ne rendait pas tous les services qu'on devait en attendre.

Aussi, déjà, un projet est soumis au Corps législatif pour modifier cette loi (1).

Les auteurs du projet proposent notamment :

L'augmentation de la part de subvention donnée par l'État ;

L'adoption du jury créé par la loi de 1836 (2), plus simple que celui de la loi de 1841 (3) ;

La mention expresse de voir accorder toutes les facilités d'exploitation compatibles avec la sécurité des voyageurs.

Sans doute, il y a d'importantes réformes à apporter à la loi de 1865 ; nous adoptons parfaitement les deux dernières, mais la première nous paraît regrettable. Nous admettons, dans certains cas très rares, une subvention *exceptionnelle* de la part de l'État ; nous admettons aussi que le crédit de 6 millions affecté annuellement aux chemins de fer d'intérêt local soit dépassé, au besoin, s'il se présente une grande quantité de lignes à encourager ; mais nous désirons que, dans les cas ordinaires, la part kilométrique de l'État soit le plus faible possible, parce que ces chemins de fer doivent être des entreprises essentiellement locales qui doivent le plus possible se passer d'un secours de l'État (4). Nous devons tendre, dans un but de décentralisation, à perdre cette habitude de recevoir toujours des secours du budget de l'État ; ce sera le meilleur moyen

---

(1) Ce projet est dû à l'initiative de M. Houssard.
(2) Loi sur les chemins vicinaux.
(3) Loi sur l'expropriation pour cause d'utilité publique.
(4) Voir chapitre V, §§ 7 et 8.

d'appeler la décentralisation financière en modifiant nos lois de finances qui attribuent une quote-part trop limitée de l'impôt aux départements et aux communes. Au contraire, si on persiste toujours à demander des subsides, on ne pourra jamais obtenir de décentralisation : il faut que ce soient nos députés qui renoncent à demander des secours, afin d'avoir la force et l'autorité nécessaires, au moyen de l'initiative parlementaire, pour demander des changements dans nos lois financières.

A un autre point de vue, la décentralisation financière est très à désirer : aujourd'hui presque tous les impôts sont accumulés dans la même caisse, celle de l'État; on ne peut faire aucun travail départemental ou communal; on ne peut, dans une commune, mettre deux moellons l'un sur l'autre sans avoir un *secours* de l'État, qu'il faut *solliciter*. Alors, que se passe-t-il ? C'est que la *faveur* joue très souvent un grand rôle dans l'allocation des subventions. Il est, en effet, bien difficile d'admettre qu'un ministre, même le plus honnête, ne soit pas, quelquefois à son insu, plus favorable à la demande que lui fera un député votant toujours selon le gouvernement, qu'à celle qui émanera d'un autre député qui aura pu dire quelquefois de dures vérités à ce ministre. La décentralisation financière ferait cesser, en grande partie, ces abus.

Il serait bien à désirer aussi que toutes les lois et tous les règlements qui régissent la construction des chemins de fer permissent une instruction beaucoup moins longue. Actuellement les allées et venues dans les bureaux des préfectures, du contrôle et dans les communes sont interminables; le contrôle, même quand il est très conciliant, est toujours long, gênant et souvent inutile : lorsqu'il s'agit de toutes petites lignes locales, on pourrait bien simplifier et laisser beaucoup à l'arbitraire des compagnies.

Mais la modification la plus importante devrait consister dans *l'interprétation et l'application meilleures de la loi de 1865*. Cela ne dépend point du législateur, mais bien des conseillers généraux ; l'esprit de la loi indique les chemins de fer à dimensions réduites comme devant être d'un usage presque général ; et si la loi avait été appliquée dans ce sens, nous aurions certainement un bien plus grand nombre de chemins de fer d'intérêt local.

Contrairement à cet esprit, on cherche partout, et malgré les plus faibles trafics, à construire des chemins à large voie : d'où impossibilité de trouver les capitaux nécessaires. Alors on se plaint que l'État ne donne pas assez de subvention ; tandis qu'il serait beaucoup plus naturel de chercher une solution proportionnelle aux ressources dont on peut disposer, ressources qui sont souvent, elles-mêmes, en rapport avec les revenus futurs de la ligne à construire.

Cette question a été discutée tout récemment à la Société des ingénieurs civils, et nous citerons un fragment du compte-rendu de la séance où se trouvent exprimées plusieurs de nos idées (1).

---

(1) *Extrait de la séance du 3 juin 1870.*

M. LEYGUE pense que l'article 5 de la proposition de loi doit seul soulever quelques objections ; non pas évidemment en ce qui concerne le premier paragraphe, aux termes duquel les subventions de l'État cessent d'être facultatives et deviennent obligatoires, mais au sujet de l'accroissement proposé de cette subvention. Il y a lieu de se demander, en effet, quelle est ainsi la nouvelle situation faite aux chemins de fer d'intérêt local. Évidemment, le nombre des concessions immédiatement accordées est augmenté, et l'on satisfait aux réclamations d'un plus grand nombre de départements ; mais là n'est pas toute la question ; il faut encore que les fonds de l'État, ceux du département, de la commune et des intéressés, soient le plus utilement employés.

Or, l'accroissement des ressources accordées par l'État favorisera inévitablement la tendance *fâcheuse* que les départements montrent aujourd'hui de ne vouloir, en principe, que des chemins à large voie (1ᵐ50). Plusieurs lignes seront construites dans ce système dispendieux, dont l'adoption eût été sans doute écartée par une plus longue expérience du

§ 4. — *Opinions en faveur du changement de solution.*

A l'appui de ce que nous venons de dire sur la nécessité de changer la solution suivie jusqu'à présent pour l'établissement

---

réseau ferré vicinal; et non-seulement il en résultera que les capitaux seront engagés dans des conditions *regrettables* et au détriment de l'extension momentanée du réseau, mais encore qu'on tardera d'autant plus à adopter les voies réduites que l'économie totale à réaliser sur l'ensemble des lignes restant à construire sera moindre. (Voir chap. IV, § 4.)

Ce double écueil à éviter rend tout au moins inopportune l'augmentation de la part de l'État dans les frais de construction de chemins de fer d'intérêt local

D'ailleurs, il est certain que les avantages, au point de vue des capitaux engagés par les départements, les communes et les intéressés, que donnerait à la création des chemins de fer d'intérêt local le nouveau projet de loi, se retrouvent largement dans l'adoption très motivée de chemins à voie étroite; il suffit, pour s'en convaincre, de mettre en regard les deux chiffres 100,000 et 50,000 fr., qui semblent devoir marquer, dans la construction des chemins de fer à section ordinaire et à voie étroite, les limites inférieures des économies à réaliser pour la dépense kilométrique.

M. LE PRÉSIDENT évalue à 2,000 ou 3,000 fr. le produit brut kilométrique de certaines lignes d'intérêt local.

M. REGNARD croit, comme M Leygue, à l'utilité très grande des chemins à voie réduite, et rappelle les discussions qui ont eu lieu, il y a deux ans, sur cette question, qui a donné naissance à plusieurs mémoires tendant à vaincre le préjugé qui repousse l'emploi du chemin de fer à petite voie, dont on voit cependant un spécimen important, la ligne du pays de Waes, d'Anvers à Gand, créée en 1822, rendre des services très grands et rémunérer ses actionnaires.

M. LE PRÉSIDENT constate que l'opinion publique n'est pas devenue plus favorable à l'adoption de la voie réduite. Il faut, pour modifier l'opinion publique en France, que quelques grands désastres arrêtent l'essor d'intérêt local à grande voie, ou que des succès retentissants de chemins à petite voie à l'étranger s'imposent à l'opinion. Quelques-uns sont en projet en Autriche.

UN MEMBRE insiste sur la manière regrettable dont se font les concessions, par affaires commerciales, au profit de compagnies quelquefois étrangères. Une dépense effective kilométrique de 66,000 fr. se trouve ainsi portée à 140,000 fr.

M. LE PRÉSIDENT voit en effet dans ce système l'appât offert aux des chemins de fer d'intérêt local, nous citerons les passages suivants :

SÉGUIN AÎNÉ.

Dès 1839, Séguin aîné (1), l'un des hommes qui ont le mieux compris l'avenir magnifique réservé aux voies ferrées, avait entrevu le secret et les conditions de leur prospérité.

« La question première et capitale qu'ait à résoudre l'ingé-
« nieur chargé de tracer un chemin de fer, disait-il dans son
« ouvrage : *De l'influence des chemins de fer*, c'est de détermi-
« ner dans quelle proportion la dépense *devra être limitée*
« pour assurer à la compagnie, sous le rapport financier, les
« plus grands bénéfices possibles. Pour cela, il lui importe
« surtout de supputer exactement quelles seront la quantité
« et la nature des matières transportées. *Plus cette quantité sera*
« *considérable, plus le tracé devra être parfait, plus le chemin*
« *devra être facile à pratiquer.* »

« On ne pouvait poser plus nettement, dit M. Level, les
« termes du problème, CELUI DU RAPPORT DE LA DÉPENSE AU
« PRODUIT KILOMÉTRIQUE, ni mieux avertir les ingénieurs que
« la première étude à laquelle ils doivent se livrer *est l'éva-*
« *luation du trafic probable.* »

EUGÈNE FLACHAT.

M. Eugène Flachat dit que « *le seul moyen de développer les*
« *chemins de fer d'intérêt local est de les proportionner aux*
« *services à en attendre.* »

---

entrepreneurs, qui ne cherchent qu'à exprimer des travaux le plus gros bénéfice.

(1) Séguin aîné peut être regardé, sinon comme l'inventeur, du moins comme l'auteur du grand développement des chemins de fer, car il est l'inventeur de la *chaudière tubulaire*, sans laquelle la locomotive est impossible.

M. DESMOUSSEAUX DE GIVRÉ.

M. Desmousseaux de Givré, dans le *Correspondant* (année 1868), s'exprime ainsi :

« Qu'est-ce qu'un chemin de fer économique ? C'est l'un
« des engins intermédiaires, par son prix de revient et aussi
« par sa perfection et sa puissance, entre la route la plus pri-
« mitive portant de simples charrettes et coûtant chez nous de
« 4 à 10,000 fr. le kilomètre et nos grandes voies ferrées coû-
« tant moyennement 100, 200 et jusqu'à 500,000 fr. Mais
« entre ces deux extrêmes il y a mille intermédiaires. Sans
« doute il y a, dans un ordre inférieur, la voiture à vapeur et
« les chemins de fer américains, et, dans un ordre plus élevé,
« les chemins de fer à voie étroite ou spéciale, et, dans cha-
« cun de ces quatre systèmes, une série d'appareils dont la
« puissance et la perfection sont naturellement (à moins de
« supposer les ingénieurs trop malheureux ou trop mala-
« droits) en raison du prix.

« Comment choisir ? *En proportionnant sagement le prix de*
« *votre chemin au service que vous lui demandez.* »

M. PAUL BORDE.

M. Paul Borde (1), ingénieur et conseiller général du département des Bouches-du-Rhône, s'exprimait ainsi dans le journal *la Liberté*, du 13 avril 1869 :

« ..... Notre conclusion est celle-ci : c'est que à peine vingt
« départements pourront se donner le luxe des chemins de fer
« d'intérêt local. La loi du 12 juillet 1865 est morte-née dans
« ses effets généraux, et si l'État a compté sur elle pour éle-
« ver la France au premier rang, en ce qui concerne le déve-

---

(1) M. P. Borde est l'auteur d'un travail très remarquable sur l'isthme
de Suez, publié, il y a quelques mois, dans *la Liberté*.

« loppement des chemins de fer, il s'est trompé. Malgré elle
« nous continuons à rester en retard sur les autres États de
« l'Europe..... »

Après avoir établi qu'il nous faudrait trente-deux ou soixante-
quatre ans pour compléter notre réseau, M. P. Borde ajoute :

« En présence d'une telle situation, *il faut appliquer un*
« *système de chemin de fer mixte à bon marché, venant réaliser*
« *ce que l'État, le département et les communes ne peuvent*
« *faire..... »*

M. P. Borde concluait au système *Larmanjat;* mais il est
facile de voir, et nous avons démontré (1) que ce système,
inférieur en tous points au chemin de fer ordinaire à voie réduite, coûte aussi cher et même plus cher.

La conclusion à tirer était d'interpréter la loi comme son
rapporteur, M. le comte Le Hon, *en adoptant généralement le*
système à voie étroite.

M. LOVE.

Voici ce que disait, à propos des chemins de fer d'intérêt
local, un ingénieur éminent, M. Love, directeur de la compagnie des chemins de fer des Charentes, en prenant la prési-
dence de la Société des ingénieurs civils de France, au commencement de 1868 :

« J'imagine qu'un chemin de 15 à 20 kilomètres, comme il
« s'en présentera le plus souvent, devra souvent être exploité
« comme un omnibus; il n'y faudrait pas de station propre-
« ment dite. Un abri ou une buvette, que l'on donnerait à
« loyer à une personne du pays, devrait suffire, dans la plupart
« des cas, pour recevoir les voyageurs. Quelques voies de ga-
« rage, de loin en loin, pour prendre ou déposer des wagons

---

(1) Voir notre brochure : *Chemins de vingt à vingt-cinq mille francs*
le kilomètre.

« de marchandises, dont on laisserait la charge, la décharge
« et le camionnage soit aux expéditeurs ou aux destinataires,
« soit à un commissionnaire, moyennant une rétribution à
« tant par tonne ; un gérant, qui serait à la fois ingénieur de
« l'exploitation, du matériel et de la voie, intéressé au bénéfice
« du chemin; tel est le système qu'il paraît convenable d'adop-
« ter. C'est l'opinion que j'émettais, en 1858, dans une bro-
« chure spéciale sur le mode d'exploitation à suivre, et qu'on
« trouve également exprimée dans une étude intéressante de
« MM. *Molinos* et *Pronnier. Je la maintiens plus que jamais*
« *comme la seule qui puisse conduire à de bons résultats.* En
« tous cas, on ne se repentira jamais de commencer l'exploi-
« tation dans cet ordre d'idées, et d'attendre, pour le modifier
« et l'agrandir, les indications du trafic. Donner, au contraire,
« de prime abord, à un chemin de 20 à 30 kilomètres, les dis-
« positions d'une grande ligne, placer à sa tête un nombreux
« état-major aussi coûteux qu'inutile, exploiter des gares dans
« le système des grandes compagnies, c'est, à mon avis, *une*
« *aberration fâcheuse qui, je ne saurais trop le répéter, ne peut*
« *avoir qu'un résultat ruineux.* »

M. ÉMILE LEVEL.

Voici l'opinion de M. l'ingénieur Level, qui a construit des
chemins de fer d'intérêt local, qui en exploite et qui vient de
publier un ouvrage remarquable sur ces chemins de fer :

« Il serait peu rationnel de construire le chemin de fer
« d'intérêt local avec le luxe ou les travaux étudiés des grandes
« lignes, en lui appliquant les mêmes principes et les mêmes
« procédés d'exécution. Il serait *particulièrement déraisonnable*
« de donner à cette classe de chemins de fer *les mêmes pro-*
« *portions qu'aux voies ferrées de premier ordre,* de les pour-
« voir de terrassements et d'ouvrages d'art analogues, du
« même matériel de voie, du même matériel remorqueur et

« transporteur, de les établir, en un mot, comme s'ils étaient
« destinés à supporter d'énormes charges et à résister à des
« vitesses perturbatrices de 60 kilomètres à l'heure ; toutes
« choses qui motivent l'emploi de rails de fort calibre, et par
« suite très coûteux. *Ce serait là une colossale exagération.* Le
« rôle modeste des chemins de fer vicinaux ne comporte pas
« un tel déploiement de puissance, si l'on considère, d'une part,
« le trafic peu abondant qui leur est dévolu, et, de l'autre,
« les services sans éclat qu'ils sont appelés à rendre au pays.

« *Vouloir établir, dans toutes les directions, des lignes mode-*
« *lées sur celles du grand réseau, serait un véritable non-sens.*
« Autant vaudrait donner au paysan une route impériale et
« une calèche à la Daumont, en place d'un chemin rural et
« d'une charrette, pour conduire ses produits au marché ; un
« palais au lieu d'une grange, pour emmagasiner ses récoltes ;
« un habit noir en guise de blouse, pour sarcler ses pommes
« de terre.

« Dans toute machine, l'outil varie de formes et de dimen-
« sions suivant le travail particulier dont il est chargé. Il en
« est de même pour l'instrument spécial d'échange que l'on
« nomme chemin de fer....

« Cet instrument ne saurait, sans danger, être grevé de
« charges superflues se résolvant, en définitive, en une perte
« de puissance, en une absorption de capital au préjudice de
« la consommation.

« Nous insistons, à dessein, sur le caractère propre aux
« voies vicinales, parce que nous savons que la pression de
« l'opinion publique peut exercer une influence excessivement
« regrettable sur la décision des conseils généraux, chargés de
« déterminer leurs conditions d'établissement, et sur les ingé-
« nieurs, auxquels est confiée la mission *de les établir aussi*
« *modestement et aussi économiquement que possible.*

« Ne voit-on pas déjà dans les petites localités desservies
« par les grandes lignes des plaintes s'élever chaque jour sur
« l'insuffisance des trains, le peu de rapidité des convois-
« omnibus et sur mille autres détails du service? *Si le public
« devait être aussi exigeant vis-à-vis des administrations des
« chemins de fer d'intérêt local, il en résulterait une réelle im-
« possibilité d'établir ces voies d'un si grand intérêt pour la
« plupart des cantons de la France.* Si particulièrement le public
« ne voulait pas comprendre que *du trafic probable d'une con-
« trée découlent en partie les conditions économiques de l'éta-
« blissement des nouvelles voies ferrées,* les résultats de la loi
« de 1865 demeureraient tout aussi stériles que si les sociétés
« concessionnaires se voyaient rigoureusement assujetties *aux
« méthodes de construction suivies jusqu'ici par les grandes
« compagnies.*

« Tout au contraire, l'opinion publique doit sagement se
« ranger du côté de ceux qui veulent doter le pays de lignes
« *modestes et simples,* n'ayant d'autres prétentions que d'être
« au grand réseau ce que le chemin vicinal de grande com-
« munication est à la route départementale, et celle-ci à la
« route impériale : *un affluent.* »

« .... Généralement d'une étendue de 20, 30, 40 kilomè-
« tres au plus, les voies vicinales ne comporteront ni de grandes
« vitesses, ni de lourds chargements, ni un trafic considérable.
« Aussi est-il indispensable de les approprier rigoureusement
« à leur objet particulier et aux services qu'elles sont appelées
« à rendre aux diverses contrées de la France. Ni trop ni trop
« peu, telle est la formule. *Mais, pour perfectionner sérieuse-
« ment ce système, il importe d'abandonner toute idée préconçue
« en matière de chemins de fer, et de considérer la situation
« faite par la loi de 1865 comme s'il s'agissait de créer un ins-
« trument de progrès* ENTIÈREMENT NOUVEAU. »

M. NORDLING. — *Comité allemand.*

M. Nordling, ancien ingénieur en chef du réseau central de la compagnie d'Orléans, qui occupe un poste très élevé en Autriche (1), s'exprimait ainsi, en 1868, à la Société dés ingénieurs civils de France :

« D'après M. Jacquemin, directeur de l'exploitation des che-
« mins de fer de l'Est, professeur à l'École des ponts et chaus-
« sées, l'exploitation des chemins de fer vicinaux de l'Alsace
« coûte, à la compagnie de l'Est, 6,000 fr. et même 8,000 fr.
« (par an et par kilomètre), si l'on ajoute les frais de renou-
« vellement des rails et du matériel roulant.

« La compagnie de Lyon arrive à peu près aux mêmes résul-
« tats pour les ramifications qui pénètrent dans les vallées de
« l'Auvergne. Or, dépenser 6 à 8,000 fr. de frais d'exploitation
« pour les lignes dont le produit brut restera souvent au-
« dessous de ce chiffre, ce n'est point une solution! »

Et plus loin, après avoir parlé de deux projets à voie de 1^m qu'il a étudiés pour les villes de Saint-Pourçain (Allier) et de Romorantin (Loir-et-Cher), M. Nordling ajoutait :

« Ce qui frappe, dans les deux cas de Saint-Pourçain et de
« Romorantin, c'est l'excessive faiblesse du trafic. Ce qu'il faut
« en conclure, ce n'est pas que l'évaluation est trop faible,
« mais que déjà la plupart des lignes concédées en dernier
« lieu, *et concédées avec la grande voie,* pourraient bien réser-
« ver à l'avenir des déceptions amères : je m'en étonnerai
« d'autant moins que je connais un embranchement de plus
« de 50 kilomètres de longueur, appartenant à une grande

___

(1) M. Nordling vient tout récemment d'être appelé à Vienne, au ministère du commerce cisleithan, en qualité de conseiller aulique, avec une
mission analogue à celle de notre Conseil général des ponts et chaussées,
en ce qui concerne la construction et le contrôle des chemins de fer.

« compagnie, qui a coûté près de 160,000 fr. par kilomètre,
« sans le matériel roulant, et qui rapporte brut 2,500 fr. à
« 3,000 fr. par kilomètre et par an.

« Ces divers faits me confirment dans ma pensée qu'il eût
« été opportun de diviser le réseau en deux : en un premier
« réseau à la voie internationale de 1^{m}50, *et en un second*
« *réseau vicinal à la voie de* 1^m, coûtant 40 à 60,000 fr. par
« kilomètre, et pouvant s'exploiter d'après des principes essen-
« tiellement différents. Ces deux réseaux eussent reproduits,
« en quelque sorte, le double système des routes impériales et
« des chemins vicinaux. Mais plus on tardera de passer au
« second système, plus le passage rencontrera d'obstacles et
« moins il sera motivé, parce que l'économie totale à réaliser
« sur le réseau restant à construire sera d'autant moindre (1).

« Tandis qu'en France les chemins de fer à petite voie
« continuent à être repoussés par l'opinion publique, celle-ci
« commence à s'en préoccuper en Allemagne. Le *Comité tech-*
« *nique* de l'Union des chemins de fer allemands (2) (union

---

(1) Nous avons vu, page 3, qu'il reste encore assez de chemins à construire pour que le passage à la voie de 1^m soit parfaitement justifié par
l'énorme économie qui en résulterait. — Voir aussi chap. IX, § 2.

(2) Le président de ce Comité nous écrivait récemment, en nous adres-
sant son programme, qu'il avait été adopté à l'*unanimité*. On trouve
notamment, dans ce programme, les passages suivants :

« *Les chemins de fer d'intérêt local doivent être construits et exploi-*
« *tés autrement qu'on ne l'a fait jusqu'à présent, de manière à dimi-*
« *nuer le capital de premier établissement et à augmenter le rapport*
« *du produit net au produit brut.* »

....

« Pour que les chemins de fer d'intérêt local rendent tous les services
« qu'on doit en attendre, *il faut qu'ils comportent un grand nombre de*
« *trains* plus légèrement chargés que ceux auxquels on est habitué dans
« l'exploitation des lignes principales pour un trafic équivalent. C'est le
« moyen le plus sûr de rendre ces chemins commodes, vraiment utiles
« pour le pays, et en même temps de permettre de réduire les dépenses
« en simplifiant les installations. »

« qui embrasse la totalité des États allemands et l'Autriche)
« vient d'arrêter un programme pour l'établissement de che-
« mins de fer *secondaires*, en recommandant des largeurs de
« voie de 1^m et même de 0^m 75, et en insistant sur la nécessité
« de multiplier des départs, considérations que j'ai développées
« l'année dernière dans notre séance du 1er mai. Les Allemands
« ont les premiers appliqué en grand le fusil à aiguille qui
« était condamné par les autorités les plus respectables ; qui
« sait ? peut-être réaliseront-ils aussi les premiers l'idée, pour-
« tant française, d'un second réseau de chemins de fer à voie
« réduite. Ce jour-là, tout le monde se convertira ! »

DEUXIÈME PARTIE.

SOLUTIONS PROPOSÉES

CHAPITRE V.

DU CAPITAL DE CONSTRUCTION.

§ 1er. — *Deux principes.*

D'après ce que nous avons dit dans la première partie, il est de la plus haute importance de proportionner le chemin à construire aux services qu'il est appelé à rendre, c'est-à-dire au trafic.

Le point de départ de toute solution doit donc être le *trafic probable*. Tout, dans l'établissement d'une voie ferrée, soit au point de vue technique, soit au point de vue financier, en dépend.

Au point de vue technique, le chiffre des recettes futures, évaluées aussi exactement que possible, connu, la puissance, le poids, le système et les dimensions de la locomotive s'en déduisent de suite ; de la locomotive dépendent le poids du rail, le rayon des courbes et le maximum des rampes : tout le chemin est donc déterminé.

Au point de vue de la dépense, il est évident que le capital ne peut se déduire que de la recette.

Nous poserons donc ainsi la question :

ÉTANT DONNÉ LE TRAFIC, DÉTERMINER LE CHIFFRE DE LA DÉPENSE KILOMÉTRIQUE QU'IL NE FAUT PAS DÉPASSER.

Et, afin de n'établir que des *lignes productives*, nous partirons, pour déterminer le chiffre de la dépense, de cet autre principe :

LE PRODUIT NET DU CHEMIN AUGMENTÉ DES ÉCONOMIES DE TRANSPORT QU'IL PRODUIRA, DOIT ÉGALER AU MOINS L'INTÉRÊT DE L'ARGENT DÉPENSÉ DANS LA CONSTRUCTION (1).

Faisons remarquer immédiatement que le capital kilométrique ainsi calculé permettra toujours, sauf de très rares exceptions, de construire des chemins pouvant atteindre, au besoin, une puissance bien supérieure au trafic qui a servi de base.

Le capital dépensé se compose, en général, de deux parties : le *capital industriel* et la *subvention*.

§ 2. — *Du capital industriel.*

Le capital industriel est celui dépensé par la compagnie qui construit le chemin ; il doit être couvert (intérêt et amortissement) par le *produit net,* c'est-à-dire le produit brut diminué des frais d'entretien et d'exploitation.

Étant donnée la recette brute, et en fixant *à priori* les frais d'entretien et d'exploitation, il est très facile de calculer le capital industriel. On compte, en général, que ce capital doit être couvert à 6 p. 100.

§ 3. — *De la subvention.*

La subvention, ou capital fourni à titre de secours par l'État, le département, les communes ou les intéressés, et ne devant

---

(1) Voir notre brochure : *Des Chemins de fer d'intérêt local : avantages des compagnies locales,* page 60.

pas rapporter intérêt, se calcule aussi très facilement, d'après le principe que nous avons établi tout à l'heure.

Cette subvention doit représenter l'intérêt général que la contrée traversée retire de l'exploitation du chemin ; l'évaluation la plus exacte, en chiffres, de cet intérêt général, est évidemment le montant des économies de transport que procurera le chemin.

Nous prendrons donc la subvention totale, égale au plus au capital des économies de transport.

Quelles seront donc ces économies de transport ?

Il est assez facile de s'en rendre compte en comparant les tarifs.

Sur une petite ligne d'intérêt local, généralement à faible trafic, les tarifs seront forcément élevés. Pour les voyageurs et les marchandises en grande vitesse, il n'y aura, souvent, point d'économie bien sensible ; la réduction ne portera donc que sur les marchandises transportées en petite vitesse, soit sur la moitié du trafic environ. L'économie sur le prix du transport sera de la moitié, des deux tiers ou des trois quarts au plus (le tarif marchandises sur les petites compagnies est de 12 c. par tonne et kilomètre, et le roulage perçoit, en moyenne, de 25 c. à 50 c.). Par rapport à la recette brute totale, l'économie sera donc comprise entre 1/4 et 3/8, soit, en moyenne, de 2, 5/8, soit un peu plus de 1/4. Nous ne prendrons que ce dernier chiffre pour rester plutôt un peu au-dessous de la vérité. Comme le capital de la subvention n'a pas besoin d'être amorti, nous pouvons capitaliser seulement à 5 p. 100.

Le capital à 5 p. 100 du quart des recettes brutes représente exactement *cinq fois* la recette brute ; nous prendrons donc *la subvention totale maximum, égale à cinq fois le produit brut.*

A moins de circonstances tout à fait *exceptionnelles* où il s'agirait d'établir un chemin de fer d'intérêt local *d'une très grande utilité* dans un pays excessivement difficile, nous n'admettons pas que ce chiffre de subvention soit dépassé ; car il est évident que si le capital subvention, le capital improductif, n'est pas au moins couvert par les économies de transport, il n'y a, *pécuniairement parlant,* aucun avantage à avoir le chemin de fer (1).

Nous admettons, au contraire, que si le pays est moins difficile et les recettes nettes assez fortes, la subvention soit diminuée et même le chemin établi avec le seul capital industriel, quand ce moyen permettrait une solution satisfaisante.

C'est en partant de ces bases qu'ont été calculées les subventions du tableau de la page 62, dont nous reparlerons tout à l'heure.

Avant d'examiner comment cette subvention doit être répartie entre les divers intéressés, nous verrons comment on a accordé jusqu'à présent les subventions et quelles règles on a suivies.

§ 4. — *Exagération des subventions accordées jusqu'à présent.*

Comme nous l'avons déjà dit, les subventions ont atteint, en général, le chiffre de 30 à 60 p. 100 du montant des dépenses. Elles sont rarement descendues au-dessous de 40,000 fr. par kilomètre, et elles ont atteint jusqu'à 100,000 fr. Elles ont été, en moyenne, de 50 à 70,000 fr. par kilomètre. D'après nos calculs, les subventions atteignent 55 p. 100 de la dépense du chemin, et comme dans certains cas on pourrait diminuer le chiffre porté pour frais d'exploitation, et par suite augmenter le produit net et le capital industriel, elles pourraient être de 50 p. 100, ou juste la moitié de la dépense. Ainsi, nos subventions entrent pour une plus grande part dans le prix du che-

---

(1) Voir notre brochure : *Avantages des compagnies locales,* page 62.

min ; mais, comme ce prix est infiniment moindre, elles sont beaucoup plus faibles.

En calculant à *cinq* fois les recettes brutes les subventions des lignes concédées depuis la loi de 1865, on aurait rarement atteint 35,000 fr.

Au lieu de proportionner la subvention au trafic, c'est-à-dire à l'importance du chemin, on ne suit aucune règle précise ; on évalue le prix du chemin, et la subvention est calculée de manière à garantir le capital industriel par les recettes nettes. Souvent on n'y réussit pas, parce que les recettes totales ne peuvent suffire à payer l'exploitation de lignes projetées beaucoup trop grandement. Le système que nous proposons, au contraire, est sûr pour avoir des lignes *faisant toujours leurs frais,* puisqu'il proportionne tout au trafic, et c'est le seul système rationnel.

D'après notre système d'évaluation, le montant total du chemin varie de neuf à dix fois le chiffre de la recette brute, tandis que pour beaucoup de lignes concédées ce chiffre atteindra communément vingt fois le montant du produit brut, et quelquefois trente.

§ 5. — *Exemple de la Charente.*

Dans la Charente, le seul chemin concédé jusqu'à présent, celui de Châteauneuf à Barbezieux, d'une longueur de 19 kilomètres environ, a obtenu une subvention de 70,000 fr. par kilomètre : c'est, eu égard au futur trafic, une des plus exagérées que nous connaissions. D'après ce que nous avons dit sur l'évaluation du trafic, on peut voir que le chiffre de 25 à 30,000 fr. eût été déjà élevé ; on peut même se demander si avec 65,000 fr. par an, ou 185 fr. par jour, représentant l'intérêt de la subvention, on ne ferait pas faire tous les transports ! Le département a donné seul 800,000 fr. ; et on est vraiment épouvanté de voir un conseil général, dans un département qui a plus de 2,000 kilomètres de chemins vicinaux à terminer, voter une somme aussi forte pour une ligne utile, il est vrai, mais d'une importance très secondaire.

Que l'on réfléchisse un instant à la différence des résultats obtenus si le conseil général, au lieu de donner 800,000 fr. pour le chemin de fer, y eût consacré seulement 400,000 fr., subvention bien assez forte pour avoir une ligne parfaitement suffisante, et pouvant rendre autant et plus de services, comme nous verrons plus loin (chap. IX, § 6), et avec les 400,000 fr. restant eût fait construire 60 à 80 kilomètres d'excellents chemins vicinaux dans les communes traversées par la ligne, voies qui auraient singulièrement facilité l'accès vers le chemin de fer, et on sera frappé de l'effet désastreux du vote de pareilles subventions.

La subvention proposée par le conseil général, pour la ligne projetée de Confolens à Chabanais, est presque aussi forte (38,000 fr. au lieu de 42,000 fr. par kilomètre); c'est à peu près le double de ce que le département devrait voter pour proportionner son secours à l'importance du chemin. Nous espérons qu'il est encore temps, que le conseil général ouvrira les yeux et n'engloutira pas ainsi l'argent des contribuables dans des travaux improductifs.

Continuer ainsi, ce serait faire l'usage le plus déplorable des ressources de l'impôt. Et, du reste, en persistant, le département ne pourrait subventionner, malgré sa meilleure volonté, qu'un petit nombre de kilomètres, tandis qu'on en demande une grande quantité ayant également droit à sa subvention : il doit donc considérablement réduire les chiffres accordés primitivement.

§ 6. — *Abaissement réel des tarifs.*

Et quand même les départements pourraient voter des subventions très fortes, ils ne le devraient pas, dans l'intérêt du bon emploi de l'impôt ; car si les subventions sont trop fortes, si elles dépassent le capital des économies de transport, les chemins de fer ne produiront plus qu'un bon marché *fictif* et non pas un abaissement *réel* dans le prix des transports, car le public pourra payer en excédant d'impôt plus que les économies réalisées sur les transports.

§ 7. — *Part de la subvention à la charge du département.*

Nous avons établi que la subvention *totale* doit être *au plus*, en général, égale à *cinq* fois la recette brute.

Quelle doit être la part du département ?

D'après l'article 5 de la loi du 12 juillet 1865, l'État donne, en général, *le tiers au plus* des subventions fournies par le département, les communes et les particuliers. Ce secours est fixé à la *moitié* pour les départements où le produit du centime additionnel au principal des quatre contributions directes est inférieur à 20,000 fr., et au *quart* si ce même centime est supérieur à 40,000 fr. Les départements de la Charente et de la Charente-Inférieure sont compris dans la catégorie des départements qui ont droit au tiers. Comme les communes et les particuliers donnent, le plus souvent, fort peu, la part des départements peut varier de trois à quatre fois la recette brute. C'est d'après cette base que sont calculés les chiffres du tableau de la page 62.

§ 8. — *Part de la subvention à la charge de l'État et des communes.*

D'après un projet de loi, soumis en ce moment au Corps législatif et modifiant la loi du 12 juillet 1865, il serait question d'augmenter la part de l'État. A notre avis, sa part contributive est, au contraire, parfaitement suffisante ; car, comme nous avons eu déjà occasion de le dire, il est à désirer que l'État et même les départements se désintéressent de plus en plus dans ces questions de chemins de fer locaux ; il est à souhaiter que ces lignes puissent être, autant que possible, établies avec les ressources des compagnies locales augmentées de subventions tout à fait locales. Il est bon que les petites villes sachent qu'il est tout aussi important pour elles d'avoir un embranchement pour se relier à une grande ligne, que d'avoir un théâtre ou un hôtel de ville ; et qu'il est ainsi très naturel qu'elles contribuent largement dans les dépenses.

Nous pouvons citer, à ce sujet, l'exemple héroïque d'une ville de dix-huit mille habitants seulement qui s'est imposé, pour avoir une voie ferrée, un sacrifice de près de 3 millions, ce qui représente pour de longues années un impôt de 150 fr. par tête et de 320 fr. par contribuable, impôt qui est payé sans murmurer en sus des autres charges, peu élevées, il est vrai. Nous devons ajouter que le fait s'est passé en Suisse, et qu'il n'y a que la *liberté* et la *décentralisation* largement et longuement pratiquées qui puissent produire de pareils prodiges.

Si nous examinons ce qui arrive autour de nous, le rapprochement est pénible : nous voyons une ville de trois à quatre mille âmes demander pendant dix ans un chemin de fer, et le jour où il est décidé, elle vote... une subvention de 25,000 fr.! plus de *vingt fois moins*, en proportion de la population, que dans l'exemple que nous venons de citer.

§ 9. — *Des subventions accordées aux grandes lignes. — Système de l'administration des travaux publics.*

Pendant que nous sommes sur le chapitre des subventions, nous dirons un mot de celles qui sont accordées aux grandes lignes.

Nous allons retrouver là, en grand, encore plus d'abus et d'exagération que sur les petites lignes, ce qui n'est pas peu dire.

On voit communément le ministre accorder des subventions de 100, 120 et jusqu'à 160,000 fr. par kilomètre pour des lignes dont le produit brut ne sera peut-être pas de 8 à 10,000 fr. par kilomètre, et qui pourraient souvent être construites dans de très bonnes conditions, pour une somme moindre que la subvention.

La discussion récente qui a eu lieu au Corps legislatif (1), à propos de la loi accordant une subvention à la compagnie de la Vendée pour l'exécution de la ligne de Tours à Bressuire, a montré que l'administration des travaux publics suit toujours les mêmes errements et ne pense nullement à établir des voies ferrées économiques, c'est-à-dire à proportionner les dépenses aux recettes, point qui a évidemment autant d'importance pour les lignes secondaires d'intérêt général que pour les chemins de fer d'intérêt local.

Voici dans quelles conditions cette subvention de 12,500,000 fr. (106,000 fr. par kilomètre) a été accordée.

La compagnie de la Vendée possède déjà un tronçon qui a coûté au moins 200,000 fr. le kilomètre, moitié de cette somme fournie par l'impôt ; il rapporte moins de 6,000 fr. brut par kilomètre et par an au bout de trois ans, et coûte 7 à 8,000 fr. d'exploitation. En comptant l'intérêt du capital engagé à 6 p. 100, les frais sont de 20,000 fr., dont 14,000 fr. à la charge de la compagnie : ainsi, *on dépense 20,000 fr. pour en avoir 6,000.* Quelque large part que l'on fasse aux économies de transport, on voit que la spéculation est on ne peut plus détestable.

C'est ce tronçon qu'il s'agit de prolonger. Pour cela on est encore disposé à dépenser 200 à 215,000 fr., partagés à peu près par égales parties entre l'État et la compagnie ; les frais seront encore *de 20,000 fr. au moins,* dont 14,000 fr. pour la compagnie.

---

(1) *Journal officiel* du 26 mai 1870.

Quelles seront les recettes de la ligne terminée pour justifier cette dépense ?

M. le ministre a le soin de le dire. M. Plichon, défendant
le projet de loi, s'exprime en effet ainsi :

« Or, il résulte du rapport des ingénieurs qu'en dehors de la
« subvention qui a été promise (106,000 fr. par kilomètre), la
« compagnie doit dépenser 110,000 fr. par kilomètre. Qu'est-
« ce que rapportera l'ensemble de la ligne ? Que rapporte la
« première section en exploitation et qui est ouverte depuis
« trois ans ? Elle ne rapporte pas ses frais d'exploitation ; son
« produit brut au bout de trois ans n'atteint pas 6,000 fr.
« Tout le monde sait que la dépense d'exploitation d'un che-
« min de fer coûte, en moyenne, de 7 à 8,000 fr. par kilomè-
« tre. Il faut donc, pour donner un intérêt rémunérateur aux
« capitaux qui s'engageront dans cette entreprise, que le pro-
« duit brut par kilomètre s'élève à la somme de 14 à
« 15,000 fr.

« Or, un produit brut de 15,000 fr. par kilomètre paraît être
« *le maximum* de ce qu'on peut espérer obtenir de l'exploita-
« tion de ce chemin. Diminuer la subvention, ce serait s'ex-
« poser à faire courir aux capitaux des risques, tels qu'ils
« refuseraient de s'engager dans cette entreprise.... »

L'argumentation de M. le ministre peut se réduire à ceci :
cette ligne doit rapporter très peu ; donc nous pouvons dépenser beaucoup pour la construire.

Ainsi, le ministre déclare à la tribune que la compagnie
peut espérer au plus de *faire ses frais;* que l'on dépensera
20,000 fr. au moins pour en avoir *au plus 15,000 fr.*, et la
majorité n'a rien à dire ! Les principes économiques les plus
élémentaires ont été tellement méconnus pour l'établissement
de la plupart de nos lignes secondaires (1), ses principes sont

---

(1) On peut lire à ce sujet deux articles remarquables : l'un dans la
Revue contemporaine (livraison du 31 mars 1865), de M. E. Boinvil-

si oubliés, que le Corps législatif trouve cela tout naturel et la spéculation excellente.

Il y avait cependant une chose bien simple à objecter au ministre ; on pouvait lui dire : *Si votre chemin ne peut rapporter au plus que 15,000 fr. (ce dont vous n'êtes pas sûr), construisez-le plus économiquement, de manière à être certain que les capitaux engagés seront largement rémunérés ; en un mot, proportionnez la dépense à l'importance du chemin.*

Il est bien permis, en effet, de se demander si le chiffre de 15,000 fr. de recettes sera jamais atteint sur la ligne de Bressuire à Tours, comme sur la plupart de nos lignes secondaires d'intérêt général restant à établir. A l'heure qu'il est, il y a beaucoup plus de ces chemins en exploitation faisant moins de 15,000 fr. qu'il y en a qui arrivent à ce revenu brut. Le grand trafic de Paris à Tours et à la mer se fera toujours, en grande partie, par le réseau d'Orléans, soit sur Nantes et Saint-Nazaire, soit sur La Rochelle et Rochefort. Cette ligne ne sera donc qu'une grande ligne à trafic local, un grand chemin de fer d'intérêt local.

En admettant même que cette recette de 14 à 15,000 fr. soit probable plus tard, est-il rationnel qu'une compagnie dépense de suite annuellement 14,000 fr. pour en avoir 14,000 dans un avenir éloigné et incertain? Est-il raisonnable de donner plus de 100,000 fr. de subvention quand il est certain que les économies de transport réalisées ne seront pas de 5,000 fr.? Évidemment non ! Surtout *quand il est parfaitement démontré, par de nombreux exemples, que l'on peut exécuter presque partout un chemin à une voie pour 100 à 150,000 fr. par kilomètre, ce* qui ferait seulement 14 à 17,000 fr. de frais, dont 10 à 12,500 fr. pour la compagnie, au lieu de 20,000 fr. Ah ! s'il

---

liers, conseiller d'État; l'autre dans le *Correspondant* (année 1868), de M. Desmousseaux de Givré, ingénieur civil.

était matériellement impossible de faire pour moins de 200,000 fr. une ligne bien reconnue d'intérêt général, suffisante au trafic, nous comprendrions que cette somme y fût engagée ; mais il n'en est pas ainsi : pour justifier la dépense proposée, il faudrait une recette immédiate de 16,000 fr.

Il est vrai que l'on projette les ouvrages d'art pour deux voies pour avoir plus tard un chemin à double voie ; mais pourquoi ? Est-ce pour un trafic de 15 à 20,000 fr. qu'on n'aura sans doute jamais ? Les chemins à une voie peuvent suffire à des trafics de 35 à 50,000 fr. Les cahiers des charges rendent les deux voies obligatoires seulement lorsque le trafic atteint 35,000 fr., et un grand nombre de chemins de fer à une voie, en France et surtout en Allemagne, font 30, 40 et jusqu'à 45,000 fr. de recettes sans qu'il en résulte aucune gêne dans le service. Il est donc *complétement inutile* de faire un chemin à deux voies.

§ 10. — *Principes d'après lesquels les grandes lignes restant à construire devraient être établies.*

Aujourd'hui on devrait établir les chemins de fer d'intérêt général en les proportionnant aux recettes probables et d'après les principes que nous avons posés pour les chemins de fer d'intérêt local (page 48).

En partant de ces principes déjà développés, en admettant de Tours à Bressuire une recette brute de 12,000 fr. par kilomètre (chiffre certainement plutôt fort que faible), et en supposant les frais d'exploitation à 8,000 fr., on arrive à une dépense de 130,000 fr., moitié à la charge de l'État, moitié à la charge de la compagnie.

Le chemin serait parfaitement possible pour cette somme et dans des conditions techniques très satisfaisantes, mais en se bornant au *nécessaire*.

Dans le cas particulier qui nous occupe, cette différence de

70 à 85,000 fr. par kilomètre, appliquée aux 123 kilomètres à construire, procurerait une économie de 9 à 10 millions, c'est-à-dire de quoi construire au moins une centaine de kilomètres d'excellents chemins de fer d'intérêt local qui pourraient être d'utiles affluents à la ligne en question en lui amenant du trafic.

Si tous les chemins concédés et exécutés depuis une dizaine d'années avaient été établis seulement pour les trafics réels à desservir, au lieu d'être, comme l'a fort bien dit M. Boinvilliers, de « *magnifiques engins pour une marchandise absente,* » on aurait pu avec la même somme en établir une quantité double, et aujourd'hui nous serions moins en retard sur les nations voisines.

Il ne faut pas s'exagérer surtout les inconvénients des rampes un peu plus fortes sur les chemins de fer économiques à faible trafic; aujourd'hui, sur les lignes secondaires, les locomotives n'ont presque jamais leur pleine charge, et la quantité de combustible brûlée en plus pour gravir quelques rampes plus fortes, qui auraient fortement abaissé le prix du chemin, n'augmenterait pas d'une manière bien sensible les frais d'exploitation (1).

§ 11. — *Abaissement des tarifs.*

Mais l'administration des travaux publics, malgré ce qui a été dit depuis dix ans en faveur et pour la propagation des chemins de fer économiques, semble n'en vouloir point établir. Tous les jours elle concède et subventionne des lignes qui ne pourront jamais payer leurs frais d'exploitation et l'intérêt de l'argent engagé par les compagnies, et où les subventions seraient souvent assez fortes pour établir des chemins *parfai-*

---

(1) Les frais de combustible entrent environ pour 15 p. 100 dans les frais d'exploitation des chemins de fer,

tement **suffisants.** On construit presque toujours de la même manière, sans s'inquiéter du trafic et de l'importance du chemin; on gaspille ainsi une partie de l'impôt et de l'épargne publique. Et comment, comme nous l'avons déjà dit, arriver facilement à l'abaissement des tarifs en établissant toujours des lignes improductives? Cette manière d'agir est évidemment un obstacle à la diminution des taxes. Actuellement, en effet, les tarifs moyens perçus pour les marchandises sont de 6 centimes sur les six grands réseaux et de 12 centimes sur les compagnies diverses. C'est que beaucoup de grandes lignes, quoique ayant coûté très cher, ont un fort trafic proportionné à ce prix élevé; tandis que sur les lignes secondaires, le trafic est, en général, très faible et pas du tout en rapport avec les dépenses de premier établissement : il ne le sera qu'en abaissant dans de fortes proportions les frais de construction.

Une petite compagnie ne devrait jamais dépenser au delà du strict nécessaire, car elle n'a pas, comme les grands réseaux, des lignes à *trafic énorme* pour compenser celles rapportant peu. Il est évident que si, toutes choses égales, une compagnie qui doit avoir 8,000 fr. de recettes dépense 40,000 fr. de moins par kilomètre, elle aura plus de 2,000 fr. de frais en moins et pourra abaisser ses tarifs *de un quart.*

C'est toujours le public qui souffre de l'argent engagé inutilement dans un chemin de fer, en payant des tarifs trop élevés si le capital de la compagnie est trop fort, ou par un surcroît d'impôt pour assurer de trop grosses subventions.

La première chose à faire pour arriver à la diminution des taxes est de n'établir, chemin de fer d'intérêt général ou local, que des lignes *sûrement productives.* C'est aussi le moyen d'assurer l'avenir des petites compagnies, en les mettant en mesure, au besoin, de pouvoir abaisser leurs tarifs pour lutter avec les grandes lignes dont les tarifs sont déjà plus bas, et qui pour-

.raient être réduits encore de manière à empêcher les petites lignes d'avoir du trafic.

Quand on pense qu'il y a en France au moins 1,000 kilomètres de chemins de fer qui ne font pas *leurs frais d'exploitation*, et plus de 3,000 qui sont loin de couvrir par leur produit net l'intérêt de l'énorme capital engagé par les compagnies, on ne comprend pas l'administration de pousser encore à l'établissement de lignes improductives.

Cette grande quantité de mauvaises lignes est une des causes qui retardent ou ralentissent l'abaissement des tarifs. On peut dire qu'en général, et toutes choses égales, les tarifs sont proportionnels aux prix des chemins. Ainsi, en Europe, les chemins anglais ont plus coûté que les chemins français et les tarifs y sont plus élevés que chez nous ; tandis que les chemins belges, ayant moins coûté, ont des taxes plus faibles que les nôtres.

Pour terminer cette digression, nous répéterons qu'il est urgent d'établir les lignes d'intérêt général restant à construire, *en proportionnant les dépenses au trafic*.

CHAPITRE VI.

TABLEAUX DES SOLUTIONS. — VOIE ÉTROITE.

C'est d'après les principes exposés au chapitre précédent que nous avons calculé les subventions indiquées dans les tableaux des pages 62 à 65.

Ces tableaux indiquent à partir de 2,500 fr. de produit brut, et jusqu'à 16,000 fr., la solution à adopter pour proportionner la dépense au trafic.

1re — SOLUTIONS AVEC SUBVENTION.

TABLEAU indiquant, suivant la recette brute kilométrique annuelle, la solution à adopter, en général.

Ce Tableau est calculé en posant ainsi la question : Étant donné le trafic, déterminer le chiffre de la dépense kilométrique qu'il ne faut pas dépasser; et, en partant de ce principe : que le produit net du chemin, plus les économies de transport qu'il produira, doivent égaler au moins l'intérêt de l'argent dépensé dans la construction.

(Voir page 66)

RECETTES BRUTES.	NOMBRE de TRAINS par jour.	FRAIS d'exploitation.	PRIX du kil. de TRAIN.	PRODUIT NET.	SUBVENTIONS TOTALES maxima par kilomètre.	SUBVENTIONS du département.	CAPITAL industriel.	CAPITAL total par kil. de chemin.	POIDS du rail par mètre.	INDICATION DE LA SOLUTION. — OBSERVATIONS.
1	2	3	4	5	6	7	8	9	10	11
2500	4	2000	1 35	500	12500	8750	8500	21000	10	Voie étroite (1 mètre), appliquée sur l'accotement des routes et chemins.
3000	4 ou 6	2250	1 50	750	15000	10500	12450	27450	10	
3500	4 ou 6	2625	1 45	875	17500	12250	14525	32025	13	
4000	4 ou 6	3000	1 66	1000	20000	14000	18660	36660	13 à 16	Solution ci-dessus, ou en voie étroite établie en plein champ dans un pays très facile
5000	6	3750	1 72	1250	25000	17500	20750	45750	16	Voie étroite.
6000 (1)	6	4500	2 08	1500	30000	21000	24900	54900	16 à 20	Voie étroite, ou voie ordinaire (1m 50), avec matériel très léger en pays très facile.
7000	6	5250	2 40	1750	35000	24500	29050	64050	20 à 25	Voie ordinaire (1m 50) avec matériel léger en pays facile, ou voie de 1 mètre en pays difficile.
8000	8	6000	2 10	2000	40000	28000	33200	73200	25 à 30	Voie large (1m 50) avec matériel spécial en pays facile, ou voie étroite en pays très difficile.
9000	8	6750	2 30	2250	45000	31500	37350	82350	25 à 30	Voie large en pays facile, ou voie étroite en pays très difficile.
10000	8	7500	2 60	2500	50000	35000	41500	91500	30	Idem. idem.
12000	8 ou 10	8200	2 50	3800	60000	42000	63300	123300	30 à 36	Voie large à matériel ordinaire en pays ordinaire, ou à matériel spécial en pays difficile.
14000	10	9000	2 50	5000	70000	49000	83000	153000	36	Idem. idem.
16000	12	10000	2 35	6000	80000	56000	103000	180000	36	Voie large. (Dans certains cas les terrains pourraient être acquis pour deux voies et même les terrassements et travaux d'art exécutés pour les deux voies.)

Nota. — On peut appeler pays facile la région de Pons à Royan (Charente-Inférieure).

(1) A partir de 6,000 fr. de recette, il serait possible, avec la voie étroite et pour la même dépense d'exploitation, d'avoir des trains moins lourds et un plus grand nombre de départs.

2° — SOLUTIONS SANS SUBVENTION.

TABLEAU indiquant, suivant la recette brute kilométrique annuelle, la solution à adopter, en général.

Ce Tableau est calculé en posant ainsi la question : *Étant donné le trafic, déterminer le chiffre de la dépense kilométrique qu'il ne faut pas dépasser,*

(Voir page 67)

RECETTES BRUTES.	NOMBRE DE TRAINS par jour.	FRAIS d'exploitation.	PRODUIT NET.	CAPITAL TOTAL par kilomètre de chemin.	POIDS DU RAIL par mètre.	INDICATION DE LA SOLUTION. OBSERVATIONS.
1	2	3	4	5	6	7
3500 f	4	2000 f	1500 f	25000	10 à 13 k	Voie étroite (1 mètre) appliquée sur l'accotement des routes et chemins.
4000	4	2200	1800	30000	13	*Idem,* *idem.*
5000	4 ou 6	3000	2000	33400	13	Solution ci-dessus, ou voie étroite établie en plein champ dans un pays très facile.
6000	4 ou 6	3800	2200	36700	13 à 16	Voie étroite.
7000	4 ou 6	4500	2500	41700	16	*Idem.*
8000	6 ou 8	5000	3000	50000	16 à 20	*Idem.*
9000	6 ou 8	5500	3500	58300	20 à 25	Voie ordinaire ($1^m 50^2$) avec matériel léger spécial, en pays facile, ou voie étroite en pays difficile.
10000	8	6000	4000	66800	25	*Idem,* *idem.*
12000	8	7000	5000	83500	30	Voie large en pays facile ou voie étroite en pays très difficile.
14000	10	8000	6000	100000	30 à 36	Voie large en pays ordinaire ou voie étroite en pays très difficile.
16000	12	9000	7000	117000	30 à 36	*Idem,* *idem.*

Nota. — On peut appeler pays facile la région de Pons à Royan (Charente-Inférieure).

Nous en avons dressé deux : le premier prévoit des subventions représentant l'intérêt général, c'est-à-dire le capital des économies de transport; le second admet que les lignes seraient exécutées seulement avec les capitaux privés.

§ 1. — *Solutions avec subvention.*

(Tableau N° 1.)

La colonne 1 indique les recettes brutes.

Bien qu'à partir de 10,000 fr. de recettes brutes on aurait presque toujours affaire à des lignes d'intérêt général, nous avons étendu nos tableaux jusqu'à des recettes de 16,000 fr.

Dans la colonne 2 nous avons porté le nombre des trains. Nous en adoptons le plus grand nombre possible. Aujourd'hui le principe de la *multiplicité des départs* est parfaitement admis; il vaut mieux avoir un matériel plus léger et des trains plus fréquents. Par ce moyen on provoque et développe le trafic.

La colonne 3 indique les frais d'exploitation. Nous avons pris ce chiffre égal aux trois quarts de la recette brute, et cette règle donne des sommes très suffisantes (1). A partir de 10,000 nous avons diminué les chiffres obtenus par ce moyen, parce qu'ils se seraient trouvés trop forts.

Les chiffres de la colonne 4 représentent le prix d'exploitation d'un train parcourant un kilomètre. Ils sont obtenus en divisant les nombres de la colonne précédente par le nombre de trains par jour et ensuite par 365. Par exemple, le prix 2 fr. 10 c., correspondant à la recette brute de 8,000 fr., s'obtient

---

(1) M. E. Flachat, dont la compétence est universellement reconnue et à qui ce tableau a été communiqué, nous écrivait : « *J'ai lu votre « intéressant travail; je n'y trouve pas d'objections; l'application « des trois quarts de la recette brute aux dépenses d'exploitation « donne des chiffres, par kilomètre parcouru, qui sont admissi- « bles....* »

en divisant 6,000 par 365 pour avoir le prix d'exploitation par jour, et ensuite par 8 pour avoir le prix de chacun des huit trains journaliers parcourant un kilomètre.

Les chiffres de la colonne 5 sont obtenus en retranchant tout simplement les frais d'exploitation du produit brut.

La colonne 6 donne les subventions égales à cinq fois les recettes brutes. La colonne suivante donne le maximum des subventions départementales dans la plupart des cas.

Les chiffres de la colonne 8 représentent le capital industriel calculé de manière à être couvert à 6 p. 100 par les recettes nettes.

La colonne 9 donne le capital total.

Dans la colonne 10 nous indiquons le poids du rail à employer pour chaque solution.

Enfin, la colonne 11 mentionne sommairement les solutions que nous expliquerons tout à l'heure.

Comme nous l'avons dit, toutes les solutions indiquées pourraient suffire, dans le cas où le trafic primitif viendrait à se développer dans de grandes proportions, à des trafics trois à quatre fois plus considérables (1).

§ 2. — *Solutions sans subvention.*

(TABLEAU N° 2.)

Après ce qui précède, ce tableau a peu besoin d'explications.

Comme les *recettes nettes* doivent couvrir tout le capital, nous ne pouvons partir de recettes brutes aussi faibles.

Nous avons aussi diminué les frais d'exploitation comptés largement dans le premier tableau. Dans le cas où une com-

______

(1) Voir notre brochure : *Mémoire sur un chemin de fer de Pons à Royan*, chapitre I", § 5.

pagnie n'obtiendrait aucune subvention, elle pourrait simplifier son exploitation; le public ne saurait être aussi exigeant; l'État et le département ne pourraient lui imposer autant de charges; elle pourrait peut-être avoir des tarifs un peu plus élevés. Toutes ces causes tendraient à augmenter son produit net.

§ 3. — *Solutions indiquées.*

Les solutions indiquées par les tableaux précédents conduisent souvent, surtout dans le cas où il n'y a pas de subventions, au système de la *voie étroite :* au-dessous de 5,000 et même pour 5,000, et, dans tous les cas, cette solution est la seule indiquée.

Pour l'ensemble, il y a deux solutions proposées :

La voie étroite;

La voie large.

Chacune de ces deux solutions comprend deux cas, savoir :

Pour la voie étroite.. { Voie sur l'accotement d'une route. / Voie en plein champ.

Pour la voie large.... { Voie large avec matériel léger. / Voie large avec matériel ordinaire.

§ 4. — *Voies étroites. — Exemples de chemins à voie étroite.*

Avant d'examiner et de discuter en détail nos solutions, et puisque la voie étroite est souvent indiquée, nous allons citer quelques exemples de ces voies et montrer que ce système est aujourd'hui parfaitement admis par la science, les ingénieurs et les économistes, et, de plus, sanctionné par l'expérience.

Les chemins de fer à dimensions réduites ne sont point une idée neuve; il en existe des exemples très remarquables.

Parmi les types existants, nous citerons notamment :

Le chemin de Festiniog (Angleterre) ; il a une voie de 0ᵐ 61 seulement et transporte des voyageurs et des marchandises.

Le chemin de Brœlthal (Prusse), à voie de 0ᵐ 816 ; il transporte aussi des voyageurs et des marchandises.

Les chemins de Commentry et de Mondalazac (France), à voie de 1 mètre et de 1ᵐ 10 ; ces chemins sont spéciaux aux marchandises.

Tout le réseau des chemins de fer de Norwége est à voie de 1ᵐ 06.

La Ligne d'Anvers à Gand (Belgique) est à voie de 1ᵐ 16 et a un trafic énorme en voyageurs et en marchandises.

On peut encore citer le chemin de fer qui passe sur le col du mont Cenis, à 1ᵐ 10 de voie seulement. Ce chemin est pourvu d'une disposition particulière, à rail central, dont l'invention est due, en France, à M. le baron Séguier. Cette invention a pris rang parmi les moyens de locomotion pour la traversée des montagnes par des déclivités, de longues étendues, dépassant 45 millimètres par mètre.

Il en existe beaucoup dans les Indes anglaises.

L'Angleterre en possède 300 kilomètres au moins dans le Queensland, et autant y sont à l'étude.

Plusieurs sont en projet en Autriche.

Tous ces chemins, dont quelques-uns sont très anciens (celui d'Anvers à Gand date de 1822), rendent de grands services et donnent beaucoup de profit à leurs actionnaires.

§ 5. — *Opinions en faveur de la voie étroite.*

Les chemins à voie étroite sont recommandés par les autorités les plus compétentes sur la matière.

COMMISSION DE 1861.

Dès 1861, une autorité technique considérable, la commission nommée par le gouvernement à la suite du traité de commerce conclu avec l'Angleterre, pour examiner ce qu'il convenait de faire pour développer nos voies de communication, écrivait ceci :

« *La plus grande latitude devra être laissée* tant à l'adminis-
« tration pour autoriser *qu'au concessionnaire pour construire*
« *et exploiter* les chemins de fer d'intérêt local.

« Les lignes de ce réseau devront être, dans la plupart des
« cas, *des chemins à transbordement*; elles pourront et *devront*
« *même* DIFFÉRER ESSENTIELLEMENT *des chemins compris dans*
« *les réseaux jusqu'ici établis.*

« Dès lors, les prescriptions du cahier des charges ordinaire
« *devraient être simplifiées*, en ce qui concerne ces lignes, de
« manière à faire varier, selon les cas, LA LARGEUR DE LA
« VOIE, *le poids du rail, le système du matériel roulant, les*
« *rampes et les courbes.* »

RAPPORTEUR DE LA LOI DE 1865.

M. le député comte Le Hon, rapporteur de la loi du 12 juillet 1865 sur les chemins de fer d'intérêt local, s'exprimait ainsi dans son remarquable rapport :

« Toutes ces facilités et modifications apportées à la cons-
« truction et à l'exploitation qui résultent des principes énu-
« mérés ci-dessus, permettront certainement l'établissement
« de chemins de fer locaux; mais, on le voit, il est question
« de lignes devant coûter généralement, en moyenne, près
« de 90,000 fr. le kilomètre, sans le matériel roulant.... et
« exigeant une recette brute de 10,000 fr. par kilomètre....

« On doit se demander si, en dehors de la sphère immédiate
« des grands centres et des contrées riches, il y en a beaucoup
« qui pourront produire 10,000 fr. par kilomètre.... Il est
« certain que la plupart de nos départements n'offriront pas
« un trafic assez important pour donner un produit brut de
« 10,000 fr. par kilomètre.

« Beaucoup d'entre eux rentreront dans la deuxième caté-
« gorie dont nous parlions plus haut (chemins à faible trafic;
« c'est-à-dire au-dessous de 10,000 fr.).

« Pour permettre à des centres secondaires de population,
« à des centres d'industrie..., de jouir des avantages que
« procureront les voies ferrées, il faut évidemment chercher
« à appliquer un système plus économique que celui indiqué
« par la commission (1).

« Cette nécessité touchera tout le monde.

« Le moyen de résoudre ce nouveau problème est dans la
« création de lignes pour lesquelles on abaissera, dans une
« forte proportion, les dépenses de toutes natures par l'emploi
« d'un matériel spécial.

« *Le matériel du grand réseau impose des obligations incom-*
« *patibles avec le bon marché absolu.* Le rayon des courbes
« ne peut être généralement abaissé, sans inconvénients,
« au-dessous de 300 mètres; quand le tracé aurait à suivre
« un défilé et à se développer sur des flancs de coteau acci-
« dentés, les travaux deviendraient considérables.

« .... *Les chemins de fer à dimensions réduites, coûtant infi-*
« *niment moins* et pourvus d'un matériel léger, se portant
« sans mécanisme compliqué à circuler dans des courbes
« de 100 et au besoin 60 mètres de rayon, *forment un type*
« *qui devra être généra'ement adopté :* on obtient ainsi une
« grande diminution dans les dépenses de la voie et du maté-

---

(1) Commission du gouvernement.

« riel, et l'on atténuera considérablement les charges des
« départements et des communes.

« Des considérations semblables ont été développées d'une
« façon complète par un ingénieur distingué, M. Thirion, direc-
« teur du réseau central de l'Orléans, qui a fait, d'accord avec un
« autre ingénieur, M. Bertera, un remarquable travail sur les
« chemins de fer économiques (à voie étroite). Ces messieurs
« ont cité des exemples de lignes en exploitation ou à construire
« dans de certaines conditions. Il s'agit de chemin de fer devant
« coûter, avec le matériel roulant, 50,000 fr. en moyenne, par
« kilomètre, et dont le trafic s'élèverait à 7,000 fr. par kilomètre.
« Nous donnons ces exemples plus loin, pensant qu'il est inté-
« ressant d'appuyer par des faits *un système dont on reconnaîtra*
« *tous les avantages et qui devra être souvent appliqué.* »

. . . .

« De ces exemples, de cet ensemble de faits et de calculs res-
« sort *incontestablement*, messieurs, *la certitude que les chemins*
« *à dimensions réduites sont appelés à jouer un grand rôle* en
« faisant participer la plupart de nos départements aux bienfaits
« des voies ferrées. *Ils combleront une lacune regrettable et*
« *considérable que ne permettrait pas de remplir la nécessité d'em-*
« *ployer la grande voie.* Le transbordement et les autres incon-
« vénients de la petite voie *sont largement compensés;* et, en tout
« cas, l'absence de tout chemin de fer serait bien autrement
« opposée aux intérêts des nombreuses localités.... On ne peut
« adopter des types absolus; il faut même les adapter aux
« *difficultés locales et au revenu probable du trafic,* sans porter
« atteinte, bien entendu, à la sécurité publique. La plus grande
« liberté doit être laissée aux intéressés, et elle doit atteindre,
« sous peine d'impuissance de la loi, à des limites plus étendues
« que celles indiquées par l'exposé des motifs (1). »

(1) L'exposé des motifs stipulait la largeur uniforme de 1ᵐ 50 pour la

ÉMILE LEVEL.

Nous trouvons ce passage remarquable dans un excellent ouvrage de M. Level, ingénieur de plusieurs chemins de fer d'intérêt local :

« *Au-dessous d'une recette brute probable de 10,000 fr. par* « *kilomètre, la solution se rencontre dans l'emploi d'une petite* « *voie de 1ᵐ à 1ᵐ 20 de largeur.* En effet, la voie ordinaire de « 1ᵐ 50 exige des dépenses considérables d'acquisition de ter- « rains, de terrassements, d'ouvrages d'art, des rails de fort « calibre, un matériel de voie lourd et encombrant, des loco- « motives et des voitures dispendieuses.

« Un emploi judicieux de la petite voie *réduit tous ces frais* « *dans des proportions inattendues,* et conduit à des résultats « économiques si remarquables qu'établi dans ces conditions, « avec tous les perfectionnements, et par ce mot nous enten- « dons toutes les simplifications qui en découlent, un chemin « de fer peut être livré à l'exploitation à raison de *45 à 50,000 fr.* « *le kilomètre,* à moins de circonstances topographiques excep- « tionnelles.

« Un chemin de fer à petite voie est doué d'une grande « souplesse. Rien n'est plus aisé que de le diriger en contour- « nant ou en épousant, pour ainsi dire, les moindres accidents « du sol, en évitant les propriétés de grandes valeurs et les « reliefs trop prononcés du terrain qui nécessitent des terrasse- « ments et des ouvrages d'art coûteux. »

DIVERS INGÉNIEURS.

MM. Thirion et Bertera, dont nous avons déjà parlé, *qui redoutaient les conséquences déplorables de l'application du sys-*

---

voie ; cette clause a été supprimée et la loi ne fixe pas de largeur. (Voir chapitre XI, § 1ᵉʳ.)

tème à voie large au réseau restant à construire, et dont les observations au Conseil d'État ont eu pour effet de faire rayer de la loi de 1865 la clause qui stipulait la largeur uniforme de 1^m 50, sont parmi les premiers défenseurs des voies étroites. (Voir chap. XI, § 1er.)

M. JACQMIN, professeur à l'École des ponts et chaussées, directeur de l'exploitation des chemins de fer de l'Est, indique 10,000 fr. de recette brute par an et kilomètre comme minimum au-dessous lequel on ne doit pas établir de voie de 1^m 50.

M. BOINVILLIERS, conseiller d'État, dit : « *C'est une folie de « faire les embranchements à l'image des lignes principales...* »

M. BERGERON, ingénieur en chef, auteur d'un remarquable travail sur les chemins économiques d'Écosse, adressé à M. le ministre des travaux publics en 1862, à la suite d'une mission pour étudier ces chemins, est très partisan de tous les systèmes de chemins économiques.

Enfin, la majorité des membres de la Société des ingénieurs civils de France admet parfaitement la voie étroite. Nous citerons notamment parmi ceux qui se sont occupés le plus de cette question :

M. Eugène FLACHAT, président honoraire.

« Par l'emploi de chemins de 0^m 80 à 1^m 20 on substitue un « tarif de 8 à 10 centimes à un tarif de 30 centimes, partout « où ces chemins à petite voie desservis par des machines « remplaceront les voies de terre....

« La dépense d'établissement de ces chemins varie de 20 « à 30,000 fr. le kilomètre.... Que de foyers d'industrie et de « populations agricoles, isolés des chemins de fer et des voies « navigables, ont intérêt à se relier au réseau général par un « moyen si peu coûteux ! »

« C'est donc un des progrès saillants constatés par l'Exposi-
« tion que l'établissement des chemins à petite voie, avec la
« substitution des machines aux chevaux sur ces chemins ; et
« il y a lieu d'espérer que, mis, par leur faible coût de cons-
« truction, à la portée des ressources financières des particu-
« liers, des communes et des départements, ces chemins se
« substitueront aux voies de terre sur les points où les trans-
« ports ont un certain degré d'activité. » (Eugène Flachat :
Rapport sur la classe 63 de l'Exposition universelle de 1867.)

M. NORDLING, que nous avons déjà cité, est un des plus
chauds partisans des chemins à voie étroite. (Voir ch. IV, § 4.)

M. LOVE, président de la Société des ingénieurs civils en
1868, directeur de la compagnie des Charentes, admet parfaitement la voie étroite et croit que, dans certains cas, elle
peut rendre plus de services que les chemins à voie large.

M. LEJEUNE, directeur de l'exploitation des chemins de fer
des Charentes ;
M. FORQUENOT, ingénieur en chef du matériel et de la trac-
tion du réseau d'Orléans,
Admettent parfaitement la voie étroite et disent que le choix
dépend des circonstances.

M. GOSCHLER, ancien directeur de plusieurs chemins de fer,
auteur d'un remarquable traité sur l'entretien et l'exploitation
de ces voies, actuellement chargé de la haute direction des
chemins de fer de l'empire Ottoman, n'hésite pas à conseiller
l'emploi de la voie étroite.

MM. MOLINOS, ingénieur en chef de plusieurs chemins de

fer, l'un des auteurs du magnifique chemin de Lyon à la Croix-Rousse ;

DESMOUSSEAUX DE GIVRÉ, qui a écrit une remarquable brochure sur la question ;

GANDILLOT, ancien élève de l'École polytechnique,

Sont très partisans des chemins à voie étroite.

M. CHAUVEAU DES ROCHES, qui s'occupe beaucoup de chemin de fer d'intérêt local et qui a écrit à ce sujet une excellente brochure, admet cette solution.

M. JULES MORANDIÈRE, qui a fait au sujet des chemins de fer de très intéressantes communications à la Société des ingénieurs civils, admet parfaitement les chemins à dimensions réduites.

M. BONTEMPS, auteur d'une excellente notice sur la question, est très partisan des chemins économiques en général et des chemins à voie étroite.

MM. HENRY MATHIEU, YVAN FLACHAT, regardent les chemins à voie étroite comme une excellente solution dans un grand nombre de cas.

Etc., etc.

INGÉNIEURS ALLEMANDS.

A l'étranger, nous avons déjà cité le comité technique de l'Union des chemins de fer allemands (ch. IV, § 4), qui admet même les chemins à voie de $0^m 75$.

INGÉNIEURS ANGLAIS.

En Angleterre, un grand nombre d'ingénieurs, et des plus compétents, admettent très bien aujourd'hui les voies de 3 pieds et même de 2 pieds, c'est-à-dire de 0ᵐ 915 et de 0ᵐ 61, comme suffisantes à presque tous les trafics des lignes restant à établir.

(Voir dans la *Revue britannique*, livraison d'avril 1870, un très intéressant article à ce sujet.)

CHAPITRE VII.

OBJECTIONS A LA VOIE ÉTROITE.

Comme on vient de le voir, les chemins à voie étroite ont de nombreux partisans, mais ils ont aussi quelques adversaires : nous citerons notamment, parmi les ingénieurs, MM. Varroy, ingénieur des ponts et chaussées, et Richard, ingénieur principal de la compagnie des Charentes. Nous reviendrons plus loin sur l'opinion de ces ingénieurs, n'admettant pas que l'adoption de la voie réduite puisse procurer une grande économie.

Dans le public, on rencontre surtout ces trois objections :
1° Les chemins à voie réduite nécessitent le transbordement;
2° Ils offrent moins de sécurité;
3° Enfin leur infériorité mécanique.

§ 1ᵉʳ. — *Transbordement.*

Le transbordement est l'opération qui consiste à faire passer la marchandise *d'un wagon dans un autre.*

Cette objection est beaucoup moins sérieuse qu'elle ne semble au premier abord, car le transbordement est souvent plutôt utile que nuisible, comme nous allons le voir.

Que la voie soit étroite ou large, les chemins à faible trafic seront toujours, en effet, des chemins à transbordement : c'est l'avis de tous les hommes compétents. La commission techni-

que de 1861, que nous avons déjà citée page 70, dit nettement :
« ..... Les lignes de ce réseau (chemins de fer d'intérêt local)
devront être, dans la plupart des cas, *des chemins à transbor-*
dement... » (1).

Les envois des petites localités sont presque toujours trop
faibles pour remplir un wagon. Par exemple, lorsque la ligne
de Châteauneuf à Barbezieux sera exploitée, voici comment
les choses se passeront : au départ de Barbezieux, on mettra
dans le même wagon des marchandises pour Cognac, Bordeaux,
Limoges et Paris, et on transbordera à Châteauneuf et à Angoulême ; pour ne pas transborder, il faudrait employer un
grand nombre de wagons qui voyageraient presque à vide (2).

Le transbordement offre donc là l'avantage de l'économie du
matériel (3).

Toutes les grandes compagnies opèrent de nombreux transbordements pour conserver, autant que possible, leur matériel.

Bien plus, des gares de transbordement sont échelonnées
sur les réseaux, en vue de la répartition des transports.

Dans une exploitation bien conduite, on complète toujours
le chargement des wagons, de manière à ne pas laisser circuler
des véhicules à moitié vides.

---

(1) « Le transbordement aura lieu généralement, quel que soit le matériel. » (Salles, ingénieur des ponts et chaussées, *Études sur les che-*
mins de fer économiques.)

(2) « Si, par exemple, on voulait à Honfleur expédier un colis à Fé-
« camp, un autre à Bayonne, un troisième à Montbéliard, un quatrième
« à Rodez, on n'irait pas, à coup sûr, lancer quatre wagons : ce serait
« charger les trains d'un poids mort considérable, et d'ailleurs le maté-
« riel serait insuffisant. » (*Un mot sur la question des chemins de fer*
économiques, par M. Desmousseaux de Givré.)

(3) « ..... Le transbordement *évitera aussi aux lignes locales la né-*
« *cessité d'avoir un matériel considérable,* ce qui arriverait nécessai-
« rement s'il était assujetti à parcourir de longues distances. » (Comte
Le Hon, *Rapport sur le projet de loi de 1865.*)

Le transbordement favorise ainsi l'emploi utile du matériel.

Cette opération s'effectue surtout d'une compagnie à une autre. Ainsi, de Hendaye, frontière d'Espagne, à Strasbourg, la marchandise est au moins transbordée trois fois ; s'il en était autrement, le matériel éprouverait des émigrations impossibles.

Les wagons des Charentes ne vont pas, sur les réseaux voisins, au delà de Bordeaux et Poitiers, où a lieu le transbordement, à moins que les wagons ne soient complets pour une destination au delà. D'après des renseignements que nous devons à l'obligeance de M. Lejeune, chef d'exploitation de cette compagnie, il a été transbordé, en 1868, aux gares de Rochefort et d'Angoulême, 70 tonnes par jour, en moyenne.

Plus il s'établira de petites lignes et plus il se fera de transbordement ; il finira par devenir obligatoire et une règle de l'exploitation entre compagnies.

Il est évident qu'une grande compagnie ne voudra pas semer son matériel sur tous les petits embranchements voisins ; de même une petite compagnie ne pourra envoyer ses wagons aux quatre coins du territoire, à la condition d'en retirer *au plus 5 fr.* par jour, au lieu de *10 à 12 fr.* qu'elle peut en retirer en réglant d'une manière intelligente le mouvement de chaque wagon.

Pour ne pas transborder, il lui faudrait un nombre immense de voitures à marchandises.

Pour avoir une idée des transbordements que font les compagnies, nous citerons ceux de la gare de Saint-Sulpice-Laurière, située sur le réseau d'Orléans, à la jonction des lignes venant de Paris, Limoges, Moulins et Poitiers.

La compagnie d'Orléans y transborde journellement 120 mille kilogrammes, et ce tonnage augmente tous les jours. La compagnie d'Orléans ne passe pas pour gaspiller ses deniers ; on l'accuse même quelquefois d'être avare ; si elle fait d'aussi grands transbordements, dont elle pourrait se dispenser, il faut bien croire qu'elle y trouve son avantage.

Les conditions auxquelles les grandes compagnies prêtent leur matériel sont onéreuses : « La petite ligne aura toujours « intérêt à avoir un matériel à elle-même, à ne pas le laisser « circuler en dehors de sa sphère d'activité et à repousser toute « invasion des voitures des compagnies étrangères, dont le « prix de location, toujours supérieur à l'intérêt du capital « consacré à leur acquisition, vient, en définitive, diminuer « l'importance de ses bénéfices (1). »

« Les considérations qui précèdent *démontrent suffisamment* « *que l'intérêt des compagnies de chemins de fer d'intérêt local* « *les conduira à se procurer un matériel spécial indépendant de* « *celui des grandes lignes.* Dès lors, les véhicules peu coûteux « seront leur fait ; et, en présence de la nécessité de transbor-« der les marchandises aux gares de jonction, *elles n'hésiteront* « *pas à adopter le système de la voie étroite, qui comporte un ma-*« *tériel léger à très bas prix* (2). »

Malgré ce qui précède, nous allons examiner le prix du transbordement et voir quelle influence pécuniaire il peut avoir pour la compagnie et le public.

On a mis bien des chiffres en avant pour le prix du transbordement d'une tonne ; mais on est d'accord, en général, pour admettre le prix moyen de 20 à 25 centimes au maximum.

Ceux qui estiment l'opération de 60 à 80 c. la tonne sont dans l'erreur. « Ces chiffres ne sauraient être attribués aux « dépenses matérielles du passage d'une tonne d'un wagon « dans un autre, et c'est à cela que se réduit le transborde-« ment proprement dit. Toutes les autres manutentions, pesage,

---

(1) **Level**, *Construction et exploitation des chemins d'intérêt local.*
(2) *Idem.*

« enregistrement, confection de lettres d'expédition, sont le
« résultat de la prise en charge, par la grande ligne, de la
« marchandise qu'elle reçoit de l'embranchement. Or, la voie
« ordinaire ne dispense pas de ces opérations et de ces écri-
« tures. Quel que soit le mode d'établissement, la petite ligne
« aura toujours intérêt à liquider sa responsabilité vis-à-vis de
« l'expéditeur qui lui a confié ses marchandises (1). »

Il ne coûte que 10 à 12 c. pour les marchandises en sacs ;
les bois, pierre, fer, fontes, sont transbordés à raison de 15 à
20 c. ; les marchandises en vrac, c'est-à-dire transportées pêle-
mêle dans les wagons, comme la houille, coûtent 18 c. ; le mi-
nerai coûte 17 c. A Saint-Sulpice-Laurière, pour toutes espèces
de marchandises et frais d'écriture compris, le prix est de 17 c. ;
sur le chemin belge de Marbais, il coûte 18 c., et 15 c. sur
celui d'Anvers à Gand, déjà cité.

Le foin et la paille coûtent 40 à 50 c. *au plus ;* mais, nous le
répétons, la moyenne de 20 à 25 c. n'est jamais dépassée.

Les compagnies se chargent, moyennant une redevance de
30 c., du chargement des marchandises des expéditeurs ; et
on peut être certain que ce prix est rémunérateur, sans cela
elles demanderaient davantage.

Il faut remarquer que, malgré le transbordement, certains
agriculteurs ou industriels peuvent être singulièrement favo-
risés par la voie étroite ; elle peut passer plus près de leurs
établissements ; grâce à la flexibilité d'une voie de 1 mètre, il
leur est très facile et très peu onéreux d'établir un embranchement ; dans ce cas, les wagons peuvent charger directement
dans les usines ou les établissements agricoles, et le transbordement de charrette à wagon, plus gênant que celui de wagon
à wagon, se trouve ainsi supprimé.

---

(1) Eugène Flachat.

Quant au déchet des marchandises transbordées, il est insignifiant : il atteint en moyenne 0^f 025 par tonne pour les marchandises pouvant éprouver un déchet (1).

Pour les marchandises trop susceptibles, il est, du reste, extrêmement facile de remédier à cet inconvénient par l'emploi des *caisses mobiles*, aujourd'hui fort usitées pour les charbons de bois, les poteries, les glaces, etc.

Au moyen d'une formule très simple, M. Nordling établit mathématiquement qu'en supposant le prix du transbordement de 20 c., l'économie de la petite ligne sur la grande de 20,000 fr., sans tenir compte des moindres frais d'exploitation (2), et en supposant égale au quart du tonnage total la quotité de marchandise qui serait transbordée quand même, une compagnie a avantage à établir une voie étroite si la ligne à construire a plus de 3 kilomètres;

Et 4 kilomètres, si l'économie est de 15,000 fr. seulement par kilomètre.

Mais pour le public, dira-t-on, il y a une charge.

C'est une erreur; car il est bien évident, en effet, que si la compagnie dépense 15 à 20,000 fr. de moins par kilomètre, elle pourra très facilement avoir des tarifs de 1 à 2 c. plus bas que si elle établissait une grande voie. Or, une taxe de 0^f 015 appliquée seulement à 20 kilomètres représente 30 c., somme supérieure au prix du transbordement.

Il y a donc avantage pour le public.

« L'objection tirée du transbordement peut donc être écartée « à tous les points de vue où la critique se place (3). »

---

(1) D'après les comptes de l'exploitation de la ligne d'Anvers à Gand

(2) Il y a pourtant une différence énorme entre les frais d'exploitation d'une voie étroite et ceux d'une grande ligne. L'exploitation d'un chemin à voie de 1 mètre ne coûte souvent que la moitié.

(3) Level.

Pour terminer ce que nous avons à dire sur le transbordement, nous citerons quelques passages de l'argumentation de M. E. Flachat en faveur de la voie étroite et contre l'objection du transbordement, argumentation qui a clos, en 1868, la discussion à la Société des ingénieurs civils de France.

« *En résumé, le transbordement n'est*, DANS AUCUNE CIR-
« CONSTANCE, *à opposer à l'adoption de la voie étroite*, pas plus
« pour la houille que pour les autres marchandises. »

. . . .

« *A un autre point de vue, le transbordement est* INDISPEN-
« SABLE *comme emploi utile du matériel.* »

. . . .

« Ces considérations démontrent que LE MOINDRE DES ARGU-
« MENTS *contre la voie réduite est le transbordement;* loin de
« compliquer les manutentions, *il les simplifie.* Cette objection
« est un fantôme ; *elle disparaît devant la lumière des faits* (1). »

§ 2. — *Sécurité.*

Cette objection n'est point une objection technique; elle n'est faite que par le public, qui est effrayé à l'idée de rouler dans des véhicules moins larges et, dit-il, moins stables que les wagons de grandes lignes.

Rien n'est moins sérieux que cette objection.

Il est aussi facile d'avoir une voiture parfaitement stable avec voie de 1 mètre qu'avec voie de $1^m 50$.

On a bien établi des wagons à voyageurs à deux étages, c'est-à-dire à impériale fermée. Le problème était, certes, plus difficile que de faire une voiture stable à voie de 1 mètre.

Dans un véhicule, il est très facile, au moyen de l'agencement des pièces de la construction et de la distribution de la

---

(1) Pour plus de détails, voir notre brochure : *Mémoire sur un chemin de fer de Pons à Royan.*

matière, *d'abaisser autant qu'on veut le centre de gravité*, et, par suite, d'augmenter la stabilité ; on peut rendre les voitures inversables, pour ainsi dire.

Et il faut bien remarquer que, sur tous les chemins de fer d'intérêt local, il n'y aura jamais de train express dont la vitesse de marche atteint quelquefois 90 kilomètres et même 100 kilomètres à l'heure : la vitesse sera de 25 à 30 kilomètres à l'heure ; elle pourra être portée à 40 et 50, si cela est parfois nécessaire (1).

La vitesse des trains omnibus français est seulement de 30 kilomètres à l'heure, et la vitesse des trains mixtes allemands n'est que de 20 kilomètres.

Quant aux courbes, le matériel léger de la voie étroite circule aussi vite et avec autant de *sécurité* dans des courbes de 100 mètres de rayon que le grand matériel dans des courbes de 300 mètres (2).

Nous avons d'ailleurs déjà cité des chemins de fer très étroits transportant des voyageurs.

Celui de Festiniog (Angleterre) n'a que 0m 61 de largeur de voie, et celui de Brœlthal (Prusse), 0m 81.

Si les chemins à voie étroite n'offraient pas de sécurité, étaient dangereux, est-ce qu'ils seraient conseillés par les autorités les plus considérables en matière de chemins de fer ?

Est-ce que la largeur de 1m 50 n'eût pas été maintenue dans la loi de 1865 ?

Est-ce que l'ingénieur anglais Stephenson en aurait établi 300 à 400 kilomètres en Norwége ?

Cette question de sécurité n'a jamais été soulevée au sein de la Société des ingénieurs civils, où la question des voies étroites a été longuement discutée.

---

(1) Vitesse ordinaire sur le chemin d'Anvers à Gand.
(2) Molinos, séances de la Société des ingénieurs civils, 1868, page 91.

Elle n'a pu être mise en avant que pour effrayer le public.

Le comité technique de l'Union des chemins de fer allemands, *en recommandant des largeurs de voie de 1 mètre et de 0ᵐ75 et la multiplicité des départs*, admet bien que les voies étroites offrent la sécurité nécessaire.

Les ingénieurs anglais qui proposent des voies de 0ᵐ61 croient aussi que ces voies offrent assez de sécurité.

Le public peut donc admettre, *sans aucune crainte*, que les chemins à voie étroite, et en particulier ceux à voie de 1 mètre, que nous recommandons, offrent dans les conditions où ils seront construits et exploités *autant de sécurité que les grandes lignes*.

§ 3. — *Infériorité mécanique*.

Beaucoup croient empêcher l'exécution des chemins à voies étroites par cette phrase à effet :

« Nous ne devons pas rompre l'uniformité de notre *admi-* « *rable réseau* de voies ferrées en établissant des lignes im- « puissantes et d'une grande infériorité mécanique. »

L'infériorité mécanique, personne ne la conteste : c'est justement le grand avantage des chemins à voie réduite de pouvoir se proportionner aux trafics à desservir ; car personne ne peut admettre, comme nous l'avons déjà dit, qu'il faille la même machine de transport pour un trafic de *5,000 fr.* que pour desservir un trafic de *50,000 fr.;* cela est évident.

S'il n'en coûtait pas plus cher, il serait bien préférable d'avoir partout des routes impériales au lieu de chemins vicinaux plus ou moins parfaits, et que chaque propriétaire eût une calèche à deux chevaux au lieu d'un simple tilbury. Il serait aussi bien mieux d'avoir des chemins à voie de 2 ou 3 mètres ; ils seraient bien plus puissants et on pourrait y circuler bien plus vite que sur nos meilleures lignes ; mais ils seraient beaucoup plus chers, et avant tout c'est affaire de prix.

A propos de l'infériorité mécanique, M. E. Flachat, que nous avons déjà cité plusieurs fois, s'exprime ainsi :

« .... Je regrette que trop de temps ait été perdu dans une
« comparaison entre la voie ordinaire et la voie réduite. La
« discussion est inutile là où il ne peut y avoir l'ombre d'un
« doute pour qui que ce soit sur la supériorité effective de la
« voie ordinaire sur la voie réduite. La voie ordinaire est
« non-seulement l'application la plus générale, mais elle doit,
« autant que possible, continuer à s'étendre partout où *les
« ressources qu'offrira le trafic*, et partout même où, à défaut
« d'un trafic suffisant, des subventions ou des garanties d'in-
« térêt en permettront l'établissement.

« Mais partout où l'un de ces deux moyens sera insuffisant,
« il faudra chercher une autre solution pour réduire le prix
« des transports, et si cette solution devient possible par
« l'adoption d'une voie de 0^m 80 à 1^m 10, il faudra s'y résigner.
« Il est probable que le meilleur moyen d'arriver un jour à la
« voie ordinaire sera de commencer par une voie réduite qui,
« diminuant les frais de transport dans la proportion de 4 à 1,
« aura développé la production.

« Le seul point de départ possible dans cette discussion, la
« seule base d'un programme, paraît être dans la liberté pour
« l'ingénieur de choisir entre les moyens par lesquels il peut
« réaliser l'économie des transports, *tout en rémunérant le ca-
« pital employé dans ce but.* »

Il faut remarquer qu'avec le système de subvention le plus large on ne pourrait jamais établir de voie de 1^m 50 avec matériel ordinaire au-dessous de 6 à 7,000 fr. de recettes brutes, puisqu'il faut presque déjà ce chiffre pour assurer les frais d'exploitation. Et puis, trouvera-t-on l'État, les départements et les communes disposés à fournir la *totalité des fonds* pour construire des lignes coûtant 80 à 100,000 fr.? Le cas sera bien rare; et il faudra forcément, en général, que le trafic soit suffisant pour couvrir une bonne partie du capital.

M. Flachat dit, du reste, qu'il faut adopter une solution qui concilie l'économie des transports avec *la rémunération du capital engagé* : les tableaux indiquant l'échelle des solutions que nous proposons sont exactement calculés sur ce principe.

§ 4. — *La voie étroite s'impose pour les très faibles trafics.*

Mais où les recettes brutes ne couvriraient pas les frais d'exploitation d'un chemin à grande voie (et d'après ce que nous avons dit au chapitre II cette circonstance se présentera souvent), comment établir cette grande voie? Pourra-t-on trouver une compagnie *sérieuse* pour construire et exploiter un pareil chemin? Ce n'est pas admissible. Comment, en effet, établir une voie ordinaire avec des recettes probables de 4 à 5,000 fr. par an et par kilomètre, ce qui représente cependant, comme nous l'avons dit, un trafic journalier de 70 à 90 tonnes de marchandises et de 110 à 140 voyageurs? — C'est impossible. Dans ce cas, il faudra FORCÉMENT ÉTABLIR UN CHEMIN A VOIE RÉDUITE OU S'EN PASSER COMPLÉTEMENT. — Comme le dit, avec beaucoup de raison, le rapporteur de la loi de 1865, que nous avons déjà cité, *les chemins de fer à dimensions réduites combleront une lacune regrettable et considérable que ne permettrait pas de remplir la nécessité d'employer une grande voie.*

On ne peut donc, en principe, repousser d'une manière absolue la voie étroite; dans un très grand nombre de cas on ne pourra pas en établir d'autre.

Ne pas vouloir de voie étroite, c'est, dans de nombreuses circonstances, *ne pas vouloir de chemin de fer; c'est ne pas vouloir l'économie des transports; c'est ne pas vouloir de progrès !*

CHAPITRE VIII.

PRIX DES SOLUTIONS PROPOSÉES.

Dans ce chapitre, nous examinerons les prix des solutions proposées.

1° Voies étroites.

Comme nous l'avons déjà dit, selon les ressources et le trafic, ces chemins pourront être établis sur l'accotement des routes ou en plein champ.

§ 1er. — *Voie étroite sur accotements. — Limites du prix.*

Les types les plus intéressants de ces chemins sont celui de Brœlthal, dont nous avons déjà parlé, et ceux de Tavaux-Pontséricourt (Aisne), établis par deux ingénieurs distingués, MM. Molinos et Pronnier.

Nous [avons, dans une brochure intitulée : *Chemins établis sur l'accotement des routes pour 20 à 25,000 fr. le kilomètre, matériel roulant compris,* donné des détails sur ces chemins, dont les prix kilométriques, tout compris, n'ont été que de *vingt-trois mille francs* pour le premier et de *vingt-huit mille francs* pour les seconds, qui ne seraient même revenus qu'à 20 à 22,000 fr. sans certaines circonstances particulières.

Ces chemins pourraient parfaitement s'établir sur des routes ayant exceptionnellement des rampes de 50 millimètres et des courbes de 15 à 20 mètres de rayon dans la traversée des villes : ceux de Tavaux-Pontséricourt offrent des rampes de 60 millimètres et même une de 75.

Nous ne nous étendrons pas davantage sur ces chemins; on

pourra recourir à la brochure précitée, où nous les comparons aussi au système *Larmanjat*.

Nous indiquerons seulement les limites dans lesquelles le prix du kilomètre pourrait varier :

Nous supposons un embranchement de 20 à 25 kilomètres d'étendue.

Ce prix pourrait s'établir de la manière suivante :

Terrains, terrassements et modifications d'ouvrages d'art.	de	500 f.	à	4,000 f.
Voie balastée et matériel fixe.	—	11,000	—	15,000
Matériel roulant.	—	5,000	—	8,000
Stations, divers et frais généraux. .	—	2,000	—	6,000
Totaux	de	18,500	à	33,000

§ 2. — *Voies étroites en plein champ.*

On peut établir ces chemins à partir de 30 à 35,000 fr. dans les pays très peu accidentés et en employant des rails très légers.

Dans une brochure que nous avons publiée il y a quelques mois, intitulée : *Mémoire sur un chemin de fer de Pons à Royan ; évaluation comparative des chemins à voie de un mètre et à voie ordinaire*, nous avons fait en détail l'estimation de ces sortes de chemins, en faisant ressortir les causes de la grande économie en faveur de la voie étroite. Nous ne donnerons ici que le résumé de nos évaluations, en renvoyant nos lecteurs à cette brochure pour plus de détails.

§ 3. — *Causes de l'énorme économie de la voie étroite.*

Cependant nous indiquerons d'abord, en peu de mots, d'où vient la grande économie de la voie réduite.

Tout le secret de l'énorme économie de la voie étroite sur la voie large avec matériel ordinaire vient de ce que LA VOIE RÉDUITE PERMET DE DIMINUER CONSIDÉRABLEMENT LE POIDS DU RAIL ET LE RAYON DES COURBES.

On comprend, en effet, parfaitement que la diminution de la largeur de la voie permet d'abaisser, pour ainsi dire indéfiniment, le poids de la machine : on peut descendre à des machines de *6 tonnes,* et par suite à des rails infiniment plus légers que ceux qui sont obligés de porter des locomotives de *30 à 50 tonnes ;* on peut employer parfois des rails de 10 kilog.

De l'abaissement du poids du rail découle une diminution considérable de tous les accessoires de la voie ; le matériel roulant, beaucoup plus léger, est aussi beaucoup moins coûteux.

D'un autre côté, d'après ce que nous avons dit précédemment (1), il est admis qu'un chemin à voie et matériel ordinaires *ne peut avoir de courbes d'un rayon moindre de 250 à 300 mètres ;* tandis qu'avec la voie étroite on peut descendre, avec la même sécurité, *à des rayons de 100 et même de 75 mètres.*

Or, il est évident qu'avec des courbes de 75 à 100 mètres de rayon on peut éviter (et souvent sans allongement de parcours sensible) les accidents de terrain et les propriétés précieuses bien plus facilement qu'avec des courbes d'un rayon bien plus grand ; on a donc avec la voie étroite *des tranchées moins profondes et des remblais moins élevés* qu'avec la voie large. Par suite, la zone du terrain occupé, qui croît très rapidement avec la profondeur ou la hauteur des terrassements, est bien moins large ; les déblais et les remblais sont bien moins considérables ; les ouvrages d'art sont aussi moins nombreux et moins importants. Les indemnités de terrain sont moins fortes ;

(1) Pages 71 et 84.

les clôtures souvent inutiles, le chemin pouvant *lécher* le sol. Toutes ces causes, comme le dit fort judicieusement M. Level, que nous avons cité page 73, réduisent le chiffre des dépenses *dans des proportions inattendues*.

Les ingénieurs hostiles à la voie étroite, notamment MM. Varroy et Richard, dont nous avons parlé, prétendent que l'on peut établir la voie large dans les mêmes conditions de courbes que la voie étroite.

A cela répondent déjà de nombreuses citations que nous avons faites, notamment page 71 ; mais nous ajouterons avec M. E. Flachat :

« Les opinions hostiles à l'établissement de la voie réduite,
« quelque part que ce soit, affirment que la voie ordinaire se
« prête aux courbes des plus faibles rayons, et que sous ce
« rapport elle peut être tracée partout où le serait la voie ré-
« duite ; *c'est là une erreur manifeste ;* le rayon minimum de
« 300 mètres imposé par les cahiers des charges est consacré
« par l'expérience là où la marche des trains ne doit subir au-
« cun ralentissement, et il n'est réduit que très exceptionnelle-
« ment là où la vitesse n'est pas en cause. Dans ce cas,
« l'administration tolère des rayons de 250 mètres ; l'expé-
« rience prouve qu'il est difficile de descendre plus bas... »
(Séance de la Société des ingénieurs civils, 1868.)

M. Nordling, même séance, citait des exemples de courbes *de 150 et 175 mètres de rayon*, nécessitées par des réparations sur le réseau de l'Est, *où les trains ne circulaient que précédés d'un homme à pied ;*

Et M. Molinos affirmait que les trains sur la voie réduite *pouvaient circuler avec autant de sécurité dans des courbes de 100 mètres que les trains des grandes lignes dans des courbes de 300 à 400 mètres,* ajoutant qu'on pouvait exceptionnellement prendre des courbes de 30 et même de 15 mètres ; mais qu'il n'en conseillait pas l'emploi, pas plus que celui des courbes de 90 mètres sur les chemins à large voie.

Nous avons insisté sur cette différence dans le rayon des courbes, parce que c'est là *la principale cause de la grande économie de la voie étroite.*

§ 4. — *Prix comparatifs des voies de 1ᵐ et des voies de 1ᵐ 50.*

Cela posé, voici les résultats des estimations très détaillées que nous avons faites dans notre brochure déjà citée.

Nous avons comparé trois systèmes : un chemin à voie étroite, un chemin à voie large et matériel léger spécial, enfin la voie ordinaire avec matériel ordinaire. Nous devons ajouter que le pays où les chemins sont supposés est très facile, et que nous avons réduit les projets au strict nécessaire.

1° VOIE ÉTROITE.

1.	Terrains.	4,600 f.
2.	Terrassements.	4,000
3.	Travaux d'art.	3,000
4.	Balast.	1,800
5.	Voie et matériel fixe.	13,600
6.	Bâtiments.	2,000
7.	Divers.	1,200
8.	Matériel roulant.	5,200 (1)
9.	Personnel et frais.	2,200
10.	Intérêts pendant la construction.	700
11.	Imprévus.	700
	Total.	39,000 (2)

(1) Ce prix suppose une ligne de 46 kilomètres d'étendue ; si la ligne était plus courte, de 20 à 25 kilomètres, par exemple, ce prix devrait être un peu augmenté.

(2) Cette estimation, comme toutes celles qui suivent, est faite dans l'hypothèse où le chemin serait établi par une *compagnie locale,* pouvant construire plus économiquement qu'une grande compagnie ou

2· VOIE LARGE AVEC MATÉRIEL LÉGER.

1. Terrains.	6,650 f.
2. Terrassements.	8,000
3. Travaux d'art.	5,000
4. Balast.	3,000
5. Voies et matériel fixe.	23,000
6. Bâtiments.	2,000
7. Divers.	1,800
8. Matériel roulant.	5,950 (1)
9. Personnel et frais.	2,900
10. Intérêts pendant la construction . . .	1,000
11. Imprévus.	1,000
Total.	60,300

Cette estimation est faite avec des rails de 25 kilos ; en prenant des rails de 20 kilos, la dépense serait réduite de 4,000 fr. environ, provenant de la diminution du poids des rails et du matériel fixe, c'est-à-dire fixée à 56,300 fr.

3° VOIE ORDINAIRE AVEC MATÉRIEL ORDINAIRE.

1. Terrains.	8,000 f.
2. Terrassements.	9,500
3. Travaux d'art	5,500
4. Balast.	3,700
5. Voies et matériel fixe.	33,000
6. Bâtiments	2,000
7. Divers.	2,200
8. Matériel roulant.	7,200 (1)
9. Personnel et frais.	3,300
10. Intérêts pendant la construction. . . .	1,300
11. Imprévus.	1,300
Total.	77,000

une compagnie étrangère. (Voir notre brochure sur les chemins de fer d'intérêt local, intitulée : *Avantages des compagnies locales.)*

(1) Voir note 1, page 92.

Ainsi, on voit, par les estimations qui précèdent, que où un kilomètre de chemin de fer à voie et matériel ordinaires coûte 77,000 fr., un kilomètre de chemin à voie ordinaire et matériel léger spécial coûterait 56 à 60,000 fr., et un kilomètre de chemin à voie réduite, 39,000 fr. seulement.

§ 5. — *Tableaux comparatifs.*

Pour mieux montrer la différence du prix des différents éléments du chemin, nous groupons nos trois évaluations dans les tableaux suivants :

PRIX D'UN KILOMÈTRE DE CHEMIN DE FER.

(Détail par article.)

	A VOIE LARGE et matériel des grandes lignes.	A VOIE LARGE et machines spéciales.	A VOIE ÉTROITE.
Plate-forme balastée.	Fr.	Fr.	Fr.
1. Terrains	8000	6650	4600
2. Terrassements	9500	8000	4000
3. Travaux d'art	5500	5000	3000
4. Balast	3700	3000	1800
5. Voies et matériel fixe	33000	23000	13600
6. Bâtiments	2000	2000	2000
7. Divers	2200	1800	1200
8. Matériel roulant	7200	5950	5200
Frais accessoires.			
9. Personnel et frais	3300	2900	2200
10. Intérêt pendant la construction	1300	1000	700
11. Imprévus	1300	1000	700
TOTAUX	77000	60300	39000

PRIX D'UN KILOMÈTRE DE CHEMIN DE FER.

(Détail par chapitre.)

	A VOIE LARGE et matériel des grandes lignes.	A VOIE LARGE et machines spéciales.	A VOIE ÉTROITE
	Fr.	Fr.	Fr.
1. Plate-forme balastée	2670)	22650	13400
2. Voie et matériel fixe............	33000	23000	13600
3. Bâtiments et divers....	4200	3800	3200
4. Matériel roulant........	7200	5950	5200
5. Frais accessoires................	5900	4900	3600
TOTAUX.	77000	60300	39000

§ 6. — *Prix limites de la voie étroite dans la plupart des cas.*

Nous avons dit que les estimations ci-dessus s'appliquaient à un pays très peu accidenté; dans la Charente, la Charente-Inférieure et les portions moyennement accidentées d'une partie des départements de France, le prix d'un kilomètre de voie d'un mètre, avec rail de 15 kilogrammes en moyenne, descendant quelquefois jusqu'à 12 kilogrammes ou pouvant atteindre 20 kilogrammes dans certains cas, pourrait être de 40 à 60,000 fr. (1), décomposés de la manière suivante :

1. Terrains. . . . . de 4,000 f. à 8,000 f.
2. Terrassements. . . . . — 5,000 — 9,000
3. Travaux d'art. . . . . — 4,000 — 6,000
4. Balast. . . . . — 1,800 — 2,500
5. Voies et matériel fixe. . . . . — 12,000 — 14,000

A reporter. . . . . . de 26,800 — 39,500

(1) Voir pages 44, 72 et 73.

		Report.	de 26,800 f.	à 39,500 f.
6.	Bâtiments		— 2,000	— 3,000
7.	Divers		— 1,500	— 2,000
8.	Matériel roulant		— 5,000	— 9,000
9.	Personnel et frais		— 3,000	— 4,000
10.	Intérêts pendant la construction		— 1,000	— 1,250
11.	Imprévus		— 700	— 1,250
	Total.		de 40,000	à 60,000

Nous supposons qu'il s'agit d'une ligne de 20 à 25 kilomètres. Pour un chemin beaucoup moins long, certaines dépenses kilométriques, telles que celles prévues pour matériel roulant, seraient plus élevées; et, au contraire, pour une ligne notablement plus étendue, ces mêmes dépenses seraient moins fortes.

En groupant les dépenses par chapitre, nous aurons :

1.	Plate-forme (art. 1, 2, 3 et 4)	de 14,800	à 25,500 fr.
2.	Voies et matériel fixe	— 12,000	— 14,000 (1)
3.	Bâtiments et divers	— 3,500	— 5,000
4.	Matériel roulant	— 5,000	— 9,000
5.	Frais accessoires (art. 9, 10 et 11)	— 4,700	— 6,500
	Total.	de 40,000	à 60,000

Dans les pays très accidentés, ces chiffres pourraient être beaucoup plus élevés ; mais l'augmentation porterait seulement sur le premier chapitre, la plate-forme, c'est-à-dire les terrains, les terrassements et les travaux d'art. De l'augmentation de ce premier chapitre résulterait une légère augmentation pour les chapitres 3 et 5, mais relativement très peu impor-

---

(1) Dans le cas où le pays serait un peu moins accidenté, le prix de la plate-forme serait moins élevé ; on pourrait parfaitement alors, surtout si le trafic probable était un peu fort, porter ce chiffre à 18 à 19,000 fr., ce qui permettrait d'employer des rails de 20 kilogrammes.

tante. Ainsi, dans une partie très accidentée de la Dordogne, un chemin étudié à voie de 1 mètre était estimé 110,000 fr. le kilomètre ; mais, dans ce cas, l'étude d'un chemin à voie de 1ᵐ 50 a donné un chiffre de 400,000 fr., *à cause des contreforts qu'on ne pouvait contourner ;* tandis que les faibles rayons de la voie de 1 mètre permettaient de les tourner facilement et évitaient ainsi les grandes tranchées et les tunnels. Mais, dans le plus grand nombre des cas, comme nous l'avons déjà dit, on pourrait se maintenir dans les limites de 40 et de 60,000 fr. (Voir pages 44, 72 et 73.)

2° Voies larges.

Nous avons aussi à examiner deux catégories de voies de 1ᵐ 50 : celles à matériel léger spécial et celles à matériel servant aux grandes lignes.

§ 7. — *Voies de 1ᵐ 50 à matériel spécial.*

On peut exceptionnellement faire descendre le poids de la machine à 10 tonnes et le poids du rail à 20 kilogrammes, et même 15 kilogrammes.

Ce système présente l'avantage de pouvoir utiliser les wagons d'une grande compagnie voisine ; et lorsque le terrain est très facile, que la plate-forme ne coûterait alors pas beaucoup plus que celle d'une voie étroite, il offre des avantages. On peut aussi l'employer avec succès pour un chemin de fer d'intérêt local de peu d'étendue reliant deux grandes lignes ; la petite compagnie exploitant ce chemin n'a besoin que de machines spéciales, et elle peut, au besoin et très facilement, transiter chez elle les wagons des grandes compagnies.

Dans tous les cas, il est bon de se rendre compte des frais de transbordement, et de voir s'il n'y a pas avantage à établir une voie étroite et à effectuer cette opération.

Le prix de ces sortes de chemins est nécessairement très variable, car, non-seulement la plate-forme peut varier dans des limites assez étendues, mais aussi le matériel fixe et roulant, le poids du rail pouvant osciller de 15 à 30 kilogrammes et le poids des machines de 10 à 20 tonnes.

Dans la plupart des cas, ce prix pourra cependant s'établir de la manière suivante :

1. Terrains	de	7,000 f.	à	10,000 f.
2. Terrassements	—	8,000	—	17,000
3. Travaux d'art	—	5,500	—	10,000
4. Balast	—	3,000	—	4,000
5. Voies et matériel fixe	—	15,000	—	15,000
6 Bâtiments	—	2,000	—	2,000
7. Divers	—	2,000	—	3,000
8. Matériel roulant	—	6,500	—	10,000
9. Personnel et frais	—	4,000	—	6,000
10. Intérêts pendant la construction	—	1,000	—	1,500
11. Imprévus	—	1,000	—	1,500
Total	de	55,000	à	80,000

En groupant les dépenses par chapitres, nous avons :

1. Plate-forme (art. 1, 2, 3 et 4)	de	23,500 f.	à	41,000 f.
2. Voies et matériel fixe	—	15,000	—	15,000
3. Bâtiments et divers	—	4,000	—	5,000
4. Matériel roulant	—	6,500	—	10,000
5. Frais accessoires (art. 9, 10 et 11)	—	6,000	—	9,000
Total	de	55,000	à	80,000

De même que tout à l'heure, nous supposons un embranchement de 20 à 25 kilomètres.

Comme nous l'avons déjà dit, l'élément le plus variable est la plate-forme. Si ce chapitre est moins chargé, on peut augmenter le poids du rail.

Pour des trafics moyens, cette solution est excellente et bien préférable, presque dans tous les cas, à la voie avec matériel ordinaire dont nous allons parler.

§ 8. — *Voie large avec matériel ordinaire.*

Nous avons déjà écrit, chapitre Ier, § 2, que le prix de ces chemins établis économiquement peut varier, dans la plupart des cas, de 80 à 120,000 fr., prix que nous décomposerons ainsi :

1. Terrains	de	8,000 f. à	12,000 f.
2. Terrassements	—	9,000 —	24,000
3. Travaux d'art	—	5,500 —	12,000
4. Balast	—	4,000 —	5,000
5. Voies et matériel fixe	—	32,000 —	35,000
6. Bâtiments	—	3,000 —	5,000
7. Divers	—	3,000 —	4,000
8. Matériel roulant	—	8,000 —	12,000
9. Personnel et frais	—	5,000 —	7,000
10. Intérêts	—	1,500 —	2,000
11. Imprévus	—	1,000 —	2,000
TOTAL	de	80,000	à 120,000

En réunissant les dépenses par chapitres, nous aurons :

1. Plate-forme (art. 1, 2, 3 et 4)	de	26,500 f. à	53,000 f.
2. Voies et matériel fixe	—	32,000 —	35,000
3. Bâtiments et divers	—	6,000 —	9,000
4. Matériel roulant	—	8,000 —	12,000
5. Frais accessoires (art. 9, 10 et 11)	—	7,500 —	11,000
TOTAL	de	80,000	à 120,000

Il s'agit toujours d'un embranchement de 20 à 25 kilomètres : nous avons, du reste, dans toutes nos estimations, porté pour les bâtiments *le strict nécessaire.*

CHAPITRE IX.

AVANTAGES PARTICULIERS DE LA VOIE ÉTROITE.

Avant de parler des avantages des voies étroites, nous dirons quelques mots de la puissance de ces chemins. Par les exemples existants, on peut voir qu'ils peuvent suffire à des trafics de 15 et même de 20,000 fr. par an et par kilomètre (1), chiffre que n'atteindront presque aucune des lignes restant à concéder en France.

La vitesse y serait habituellement de 20 à 30 kilomètres à l'heure, vitesse des trains omnibus. Cette vitesse pourrait, au besoin, atteindre 40 kilomètres; mais nous verrons tout à l'heure qu'il importe plutôt de *correspondre souvent* que d'aller vite.

Quant au raccordement d'une voie étroite avec une voie large, il est extrêmement facile : on l'opère tout simplement au moyen d'un troisième rail fixé sur les traverses de la grande voie, entre les deux rails de celle-ci, et qui constitue, avec l'un de ces rails, la voie étroite de la petite ligne.

§ 1er. — *Économie.*

Le premier avantage des voies réduites est leur grande économie dans les frais de premier établissement, et aussi dans les frais d'exploitation. Si on les compare aux voies larges à matériel ordinaire, que l'on a uniquement construites jusqu'à présent, l'économie est presque de moitié; où les secondes coûtent 80,000 fr., on peut établir les premières pour 40 à

---

(1) Voir notre brochure : *Mémoire sur un chemin de fer de Pons à Royan; évaluation comparative des chemins à voie de 1ᵐ et à voie de 1ᵐ 50.*

45,000 fr. On peut ainsi établir presque 2 kilomètres pour un, et cela est très important.

Cette solution permet de construire des lignes productives à partir de 2,500 fr. de recettes brutes, et 4 à 5,000 fr. si on établit ces lignes en plein champ ; tandis qu'il faut une recette de 9,000 fr. pour établir une voie large à matériel ordinaire. Sans subvention, on peut construire des lignes productives à partir de 4 à 5,000 fr. ; tandis qu'il faut une recette de 12,000 fr. pour construire, aussi sans subvention, une voie large à matériel ordinaire.

§ 2. — *Économie en France et dans la Charente.*

Nous avons dit, en commençant, que si l'on établit en France encore 15 à 18,000 kilomètres de chemins de fer aux prix prévus jusqu'à présent, on aura à faire une dépense de 1,500 millions à 2 milliards. Si l'on adoptait la voie étroite, et en estimant ces voies au chiffre bien largement suffisant de 60,000 fr. le kilomètre en moyenne, la dépense ne serait que de 900 à 1,100 millions ; c'est-à-dire que *l'économie serait de 600 à 900 millions.* La question vaut donc bien la peine d'être examinée. Cette économie pourrait être très utilement employée à améliorer notre agriculture, notamment en travaux d'hydraulique agricole, pour lesquels nous sommes considérablement en retard.

Dans la Charente, nous avons vu qu'il y a 460 kilomètres de chemins à l'état de projet ou demandés. En admettant qu'on en prenne seulement 150 en considération, si le département veut des voies larges à matériel ordinaire, il lui faudra voter de 30 à 35,000 fr. de subvention par kilomètre ; c'est-à-dire une somme de 4,500,000 fr. à 5,000,000, subvention complétement impossible dans l'état de ses finances. Si, au contraire, il adopte franchement une solution en rapport avec les recettes, c'est-à-dire des voies étroites, il lui faudra seulement allouer de 15 à 20,000 fr. par kilomètre, soit 2,200,000 fr. à 3,000,000 ; il réaliserait ainsi une économie de 2 millions environ, et la construction du réseau départemental deviendrait possible. Les compagnies ayant aussi infiniment moins de capitaux à fournir, pourraient s'organiser bien plus facilement : il suffirait, par exemple, à une compagnie d'avoir un capital de 3 à 400,000 fr. pour exécuter la ligne de Chabanais à Confolens. Si on veut suivre, au contraire, l'exemple de la compagnie de Barbezieux à Châteauneuf, il faudra un capital industriel double, et Dieu sait quand on arrivera.

§.3. — *Exploitation essentiellement économique.*

Un autre grand avantage est de pouvoir faire une exploitation excessivement économique.

Avec les voies larges, on peut bien aussi exploiter économiquement ; on le fait en Écosse ; mais il sera toujours plus difficile de rompre complétement avec le système dispendieux actuel, en conservant les mêmes largeurs de voie, qu'en commençant d'abord par adopter un mode de construction entièrement différent : tout serait changé alors, construction et exploitation.

Sur une petite voie, on peut facilement supprimer le serre-frein, parce que le frein de la machine, ou la *marche à contre-vapeur*, peut parfaitement suffi e pour arrêter très facilement et très vite un petit train qui ne pèsera souvent que 12 à 15 tonnes, tandis que les machines des grandes lignes pèsent seulement 30 tonnes au moins. Le même agent peut parfaitement être à la fois chauffeur et mécanicien, ce qui est plus difficile sur une grosse machine ; la recette peut très bien se faire en route par le chef de train (mode déjà usité sur quelques lignes locales). Il ne faut plus ainsi que deux personnes pour tout le convoi : le *chef de train* et le *chauffeur mécanicien*, qui correspondent aux conducteur et postillon des anciennes voitures publiques, et l'exploitation devient presque aussi simple que celle d'un omnibus.

On pourrait ainsi arriver à une économie telle, que le prix du kilomètre de train ne coûterait souvent que la *moitié* et même le *tiers* de ce qu'il coûte actuellement sur les lignes à large voie (1).

§ 4. — *Facilité d'embranchement.*

Une voie étroite est aussi, comme nous l'avons vu, beaucoup plus *flexible* qu'une voie large ; on peut passer très près des villages et des habitations.

Comme nous l'avons dit aussi, il est très facile et très peu dispendieux de construire des embranchements particuliers : pour 5 à 6 fr. le mètre, on peut en établir, et les usines, établissements agricoles, fermes, peuvent se mettre directement en communication avec le chemin de fer. Chaque village pourrait avoir son embranchement ; et, dans certains cas où le pays serait assez plat et la propriété peu morcelée, il ne serait pas impossible d'utiliser le chemin de fer pour les exploitations agricoles ; c'est-à-dire qu'on pourrait s'en servir pour le transport des engrais dans les terres et le transport des récoltes dans les fermes. C'est un type d'exploitation mixte très intéressant à étudier et à appliquer. Mais pour cela, comme nous avons eu occasion de le demander déjà, il faudrait laisser aux petites compagnies une *liberté complète.*

§ 5. — *Correspondance.*

Mais le plus grand avantage, l'avantage capital des chemins à voie étroite, est dans la *correspondance*, question qui devrait

---

(1) Voir notre brochure : *Mémoire sur un chemin de fer de Pons à Royan,* page 11.

presque primer toutes les autres dans une question de chemins de fer d'embranchement. Il importe en effet surtout, non pas d'aller vite, mais d'avoir le plus de trains possible pour correspondre plus facilement avec ceux de la grande ligne. *Il faut donc un train qui ne soit pas coûteux à mettre en mouvement.*

Il est arrivé à tout le monde de s'impatienter dans une gare en attendant un omnibus ou un train de correspondance, et il est évident que cet inconvénient d'attendre deviendra de plus en plus grand à mesure que les embranchements se multiplieront davantage.

Cela se comprend facilement : sur les embranchements, le nombre des trains est toujours moindre que sur la grande ligne, et il devrait être, au contraire, presque double, pour que la correspondance fût parfaite, c'est-à-dire pour que, à tous les départs et à toutes les arrivées sur la grande ligne, il y eût un train venant de l'embranchement et allant sur l'embranchement.

Considérons, pour faire saisir cet inconvénient, l'embranchement d'une grande ligne, celui de Barbezieux, par exemple, qui aura probablement, comme beaucoup de tronçons secondaires, 4 trains seulement par jour, 2 dans chaque sens, 1 le matin et 1 le soir.

Sur la grande ligne, il y a 4 trains de voyageurs dans chaque sens, c'est-à-dire qu'il y a à la gare de bifurcation de Châteauneuf huit passages de trains par jour ; et ces trains ne se croisent qu'à 30 minutes, 1 heure, et quelquefois 1 heure 30 minutes d'intervalle.

Il faudra le matin qu'un seul train venant de Barbezieux corresponde à 4 (2 allant sur Angoulême et 2 sur Cognac), et qu'un seul allant à Barbezieux corresponde également à 4 venant d'Angoulême et de Cognac.

De même le soir.

Il suffit de signaler un pareil service pour en montrer les inconvénients. Il est évident que tout homme d'affaires un peu pressé prendra une voiture pour aller d'Angoulême à Barbezieux.

Pour les voyageurs venant des directions de Paris et de Bordeaux, qui sont souvent obligés d'attendre de deux à quatre heures à la gare d'Angoulême, l'inconvénient grandit considérablement.

Si au lieu d'un lourd matériel on avait un matériel très léger, permettant pour le même prix d'avoir un nombre de trains double, le service serait bien mieux fait et cette multiplicité de départs *tendrait à développer le trafic.*

§ 6. — *Opinion de M. Nordling sur l'avantage de la voie étroite au point de vue de la correspondance.*

Il est donc incontestable que les chemins à voie étroite rendraient infiniment plus de services pour l'exploitation de faibles trafics ; et nous citerons à l'appui de ce que nous venons de dire une note remarquable de M. Nordling, dont nous avons déjà invoqué l'autorité.

Après avoir parlé de l'exploitation des voies de 1ᵐ 50, M. Nordling ajoute :

« Donc, pas d'économie notable à espérer sur l'exploitation « des voies d'embranchement de 1ᵐ 50.

« Mais ces embranchements rendent-ils au moins au public « les services que celui-ci en attend ? Nous allons voir que « non.

« Prenons la ligne de Vitré à Fougères, de 37 kilomètres « de longueur. Il y a deux départs de Fougères, à six heures « trente du matin et à midi, et deux départs de Vitré, à neuf « heures du matin et à quatre heures quarante du soir. Avec « ce service, on ne peut pas aller de Vitré à Fougères et reve-

« nir le même jour, à moins de terminer ses affaires à Fou-
« gères en cinq minutes. On ne peut pas davantage aller de
« Rennes à Fougères (75 kilomètres dans le même départe-
« ment) et revenir le même jour. On n'arrive de Fougères à
« Laval (72 kilomètres) qu'à quatre heures et demie du soir.
« Tout cela se conçoit : sur les deux trains de l'embranche-
« ment, l'un est réglé sur Rennes, l'autre sur Paris, et cinq
« fois sur huit on séjourne de deux à sept heures à la gare de
« bifurcation.

« Sur les lignes d'Auvergne, entre Murat, Arvant et Lan-
« geac, on ne trouve également que deux trains dans chaque
« sens, et il en résulte des correspondances tellement impar-
« faites que des personnes de ma connaissance y suppléent
« avec des chevaux. Pourtant, dans l'intérêt des correspon-
« dances, l'un des deux trains n'arrive à Murat qu'à dix heures
« du soir, et parfois même à onze heures, ce qui, en hiver,
« ressemble passablement à un service de nuit.

« Sur les lignes de la populeuse Alsace, le nombre des trains
« est de trois. Si ce nombre ne soulève pas de plaintes, c'est
« que, par un heureux hasard, il n'y a là aucune correspon-
« dance de nuit à desservir; car le train-poste arrive à Stras-
« bourg à sept heures du matin et en part à cinq heures du
« soir. Mais pour les embranchements situés à 200 ou 300
« kilomètres de Paris, la situation serait tout autre.

« *Ce n'est pas la vitesse de marche, c'est la question des cor-*
« *respondances* qui importe aux embranchements. Cette ques-
« tion s'aggrave tous les jours avec chaque nouvelle gare de
« bifurcation et menace de devenir insoluble. Pour bien la
« saisir, considérons un instant un omnibus reliant une ville
« à une gare de passage. A chaque train montant, à chaque
« train descendant, l'omnibus part de la ville et mène des
« voyageurs à la gare, puis il ramène en ville les voyageurs
« descendus du train. Pour chaque train, l'omnibus fait deux

« trajets. Pour assurer de la même façon la correspondance
« par voie de fer, *il faudrait faire circuler sur les embranche-*
« *ments un nombre de trains double de ceux de la ligne princi-*
« *pale.* En réalité, c'est le contraire qui a lieu ! Pourquoi ?
« Parce que l'instrument consistant *en un train composé du*
« *matériel actuel est un instrument trop lourd et trop coûteux*
« *pour être mis en mouvement pour un nombre insignifiant de*
« *voyageurs et de colis.* Il paraît évident qu'avec un matériel
« plus léger on pourrait être moins parcimonieux pour le
« nombre de voyages : c'est la raison d'être de la brouette,
« du camion, du chariot, etc. Et ce qui est incontestable, c'est
« que ce plus grand nombre de trains tendrait à multiplier
« les voyageurs, tandis que sur les embranchements de Fou-
« gères et d'Auvergne on perd aujourd'hui forcément une
« partie du trafic. »

. . . .

« Si j'avais à poursuivre l'idéal du chemin de fer vicinal, je
« le chercherais dans le programme (voie étroite) que je livre
« aux attaques de mes collègues. Bien des problèmes plus
« difficiles ont été résolus pratiquement, et je crois qu'une
« fois réalisé il ferait oublier bien vite les inconvénients du
« transbordement : aux exploitants par le *développement du*
« *trafic*, et au public *par le bienfait des départs fréquents.*

M. Nordling disait également à la séance de la Société des
ingénieurs civils du 17 avril 1868 « qu'il entrevoyait que cer-
« taines localités regretteraient un jour d'avoir le chemin à
« grande voie au lieu de celui à petite voie, *qui aurait pu leur*
« *rendre de plus grands services.* »

M. Love, qui présidait, répondit « que cela était *incontes-*
« *table*, et qu'il fallait répandre et faire prévaloir cette opinion
« dans le public. »

CHAPITRE X.

COMPARAISON.

§ 1er. — *Comparaison d'une voie large et d'une voie étroite dans le cas d'un faible trafic.*

Au moyen d'une comparaison bien simple, nous comptons établir en quelques mots que si, pour de faibles trafics, on persiste à établir de grandes voies, c'est-à-dire des chemins improductifs, on n'arrivera qu'à la ruine des compagnies qui se chargeront de ces chemins, ou à imposer des charges lourdes à d'autres compagnies, deux hypothèses également funestes et qui ne pourront qu'arrêter l'abaissement des tarifs de chemins de fer.

Considérons un produit brut de 5 à 6,000 fr. Nous prenons ce chiffre, parce que nous pensons que ce sera la moyenne maximum de la plupart des chemins de fer d'intérêt local : il pourra très bien se faire seulement que pour arriver à former une compagnie et construire le chemin on ait mis en avant une recette de 8 à 9,000 fr.

Supposons deux lignes de ce même trafic et dans des conditions identiques : l'une exécutée à voie large et matériel ordinaire, l'autre à voie étroite.

La première coûtera au moins...   80,000 fr. le kilomètre.

La deuxième s'exécutera pour...   45,000   —

Le capital industriel sera dans le premier cas de 35 à 40,000 fr., et de 20 à 25,000 fr. seulement dans le second.

L'exploitation de la voie large ne pourra guère être faite pour moins de 5,000 fr. par kilomètre et par an. La voie étroite pourra, au contraire, s'exploiter pour 3,500 à 4,000 fr. au plus.

Considérons les débuts de l'exploitation :

Au commencement, il est évident que la grandè voie ne fera pas ou fera à peine ses frais d'exploitation ; elle ne pourra payer aucun dividende à ses actionnaires ; si elle veut rémunérer un peu ses actions, il lui faudra réduire son service *au plus strict nécessaire ;* au lieu de l'améliorer avec ses excédants de recettes, elle sera obligée de lésiner sur le nombre des trains ; ayant très peu de trains et ne pouvant faire aucune amélioration, elle perdra du trafic, elle languira pendant quelque temps, et finalement pourra crouler et arriver à la faillite.

Il faudra alors subventionner une nouvelle compagnie pour exploiter, ou s'entendre avec une grande compagnie pour lui faire faire cette exploitation, qui laissera toujours à désirer ; parce que la grande compagnie, outillée pour desservir un plus grand trafic, ayant un nombreux personnel, sera encore dans de plus mauvaises conditions que sa devancière pour exploiter économiquement ; elle traitera cet embranchement comme un industriel traite une affaire qui ne doit lui rapporter aucun bénéfice ; s'il y a quelques mauvais agents ou un matériel détraqué, ils seront utilisés de préférence sur le malencontreux embranchement. Il suffit d'observer comment les grandes compagnies exploitent certains tronçons de dernier ordre pour voir la justesse de notre observation.

Beaucoup de gens, partisans des chemins dispendieux à faible trafic, tiennent ce langage :

« La petite compagnie, disent-ils, se ruinera en construi-
« sant son chemin ou en commençant à l'exploiter ; mais
« ensuite on *obligera* une grande compagnie à le prendre et
« à l'exploiter, et nous aurons toujours notre voie ferrée. »

Nous avons souvent entendu tenir ce raisonnement pour des lignes locales, notamment pour le petit chemin de Châteauneuf à Barbezieux.

Le procédé qui consiste à forcer quelqu'un qui dépend de vous à accepter une mauvaise affaire est malhonnête ; et, du reste, ces annexions de lignes improductives à de grands réseaux sont désastreuses pour les actionnaires et le public.

Croit-on, par exemple, qu'il faudrait ajouter au réseau d'Orléans beaucoup de chemins comme ceux d'Auvergne et à celui des Charentes beaucoup de lignes comme celle de Barbezieux à Châteauneuf pour arrêter la prospérité de la première compagnie et ruiner la seconde? Évidemment non; et c'est cependant ce qui pourrait arriver.

Souvent, en effet, on a obligé et on oblige encore les grandes compagnies à accepter de mauvaises lignes; l'État leur donne parfois des subventions tellement fortes et tellement exagérées, qu'il peut bien à la rigueur leur imposer des charges exceptionnelles; mais, malgré cela, le procédé n'est pas délicat: il vaut mieux ne donner et n'exiger que ce qui est juste.

Malheureusement il arrive quelquefois que les administrateurs, dans un but d'amour-propre, favorisent ces annexions ruineuses; ils pensent plutôt au *prestige* et à l'importance que leur donnera l'allongement de leur réseau qu'à l'intérêt de la masse des actionnaires.

De plus, comme nous l'avons dit, l'exploitation de ces embranchements est en général très mal faite et le public en souffre évidemment. Ensuite, comment arriver à la diminution des tarifs en obligeant les grandes compagnies à exploiter des tronçons à perte? Comment demander à la fois à la même compagnie d'abaisser ses tarifs et d'exploiter des lignes improductives? Ce sont deux choses *contradictoires et incompatibles*.

Avec ces exploitations à perte, le public paie plus cher et est mal servi.

Si nous considérons maintenant la compagnie exploitant la voie étroite, les choses vont changer d'aspect.

Presque dès le début elle pourra payer 6 p. 100 à ses actionnaires et faire une réserve de 500 fr. par kilomètre qui lui permettra d'améliorer son service et d'augmenter ainsi son trafic; elle pourra, sans marchander, augmenter le nombre des trains; enfin donner toute satisfaction au public. Les recettes pourront se développer rapidement et le chemin arriver à une grande prospérité.

Ainsi, on peut résumer en deux mots cette comparaison de deux lignes à faible trafic :

Avec la grande voie, *ruine* ou mauvais service.

Avec la voie étroite, *prospérité*.

§ 2. — *L'État propriétaire dans l'avenir.*

A la suite de cette comparaison, nous répondrons à une objection et nous examinerons une hypothèse.

L'objection est celle-ci :

Lorsque l'État sera propriétaire à l'expiration des concessions, et probablement longtemps avant, par le rachat, il lui faudra, dit-on, deux sortes de matériel.

Cette objection n'a point de valeur, parce que l'État, comme une compagnie, aura toujours avantage à exploiter *un petit trafic avec un petit matériel.* Ce qui le prouve, c'est que les grandes compagnies, pour leur usage personnel, établissent quelquefois des voies étroites. Nous pouvons citer l'exemple du chemin de Mondalazac, appartenant à la compagnie d'Orléans.

§ 3. — *Transformation dans le cas d'un très fort trafic.*

L'hypothèse est celle-ci :

Si le trafic devenait tout à fait exceptionnel et que l'on fût obligé d'établir une large voie, les travaux et le matériel primitif seraient-ils perdus ?

D'abord, il est évident qu'une partie des travaux pourraient être utilisés, et le matériel pourrait parfaitement être cédé à une autre compagnie naissante.

Mais il faut remarquer ce qui se sera passé au moment de cette transformation, au bout de vingt-cinq ans, par exemple.

Nous supposerons que le chiffre kilométrique économisé par l'établissement d'une voie étroite ait été de *30,000 fr.* et que les recettes brutes soient de *20,000 fr.* quand le changement s'effectuera.

Le chiffe des économies réalisées capitalisé donne au bout de vingt-cinq ans 100,000 fr. De quoi faire une grande ligne.

De plus, la compagnie ne sera pas arrivée à avoir une recette énorme de 20,000 fr. par an sans réunir un fort capital de réserve. En comptant seulement une réserve de 5,000 fr. pendant les quatorze dernières années, elle aurait réuni une épargne de 100,000 fr., c'est-à-dire de quoi construire aussi une grande ligne.

On voit donc que tous les travaux seraient-ils perdus au moment de la transformation, on a le plus grand avantage, et qu'ainsi on ne doit pas hésiter à établir de voies étroites, quand même on serait forcé par l'abondance du trafic de les remplacer par de grandes voies dans des délais de vingt à trente ans.

Cette solution a l'immense avantage d'engager beaucoup moins de capitaux, de pouvoir établir un bien plus grand nombre de voies ferrées. On sera toujours à temps de transformer celles, en très petit nombre, où l'avenir développera un grand trafic ; on laissera telles quelles celles qui seront restées avec de faibles recettes ; mais au moins on aura partout des lignes *productives*.

Nous le répétons, le moyen d'arriver à l'économie *réelle* des transports, c'est d'établir toujours des lignes productives et de ne pas craindre d'employer franchement la voie étroite que la faiblesse des recettes probables conduira le plus souvent à *adopter*.

CHAPITRE XI.

POURQUOI IL N'Y A PAS DE CHEMINS ÉCONOMIQUES EN FRANCE.

En terminant, nous croyons utile d'examiner pourquoi en France, malgré tout ce qui a été dit en leur faveur, nous n'avons point de chemins à voie étroite pour voyageurs, et en général si peu de chemins économiques.

Depuis dix ans, le Corps législatif a voté des *centaines de millions* pour des lignes improductives; presque rien n'a été changé dans le mode de construction et d'exploitation; on a donné à des chemins de fer d'intérêt local jusqu'à 100,000 fr. de subvention par kilomètre pour des lignes qui ont coûté jusqu'à 150,000 fr.

Cependant, comme nous l'avons vu page 70, la commission technique de 1861 avait posé d'excellents principes pour la construction et l'exploitation des chemins locaux; M. le comte Le Hon (page 71) avait relaté ses principes en 1865 et émis, dans son rapport, les meilleures idées en faveur des chemins économiques et recommandé chaudement les chemins à dimensions réduites.

§ 1er. — *Historique de la loi de 1865.*

Il ne sera pas sans intérêt, à ce sujet, de relater l'histoire de la loi du 12 juillet 1865 sur les chemins de fer d'intérêt local.

Le projet présenté par le gouvernement stipulait que la largeur de la voie serait de 1m 50.

Mais à la suite d'observations présentées au Conseil d'État, pendant que le projet de loi lui était soumis, par M. Thirion, ingénieur en chef, directeur du réseau central de la compagnie d'Orléans, observations démontrant qu'au-dessous de 10,000 fr. de recette brute par kilomètre, chiffre, disait-il, qu'il ne fallait guère espérer, la solution par la voie de 1ᵐ 50 serait très souvent difficile et financièrement inacceptable, qu'au contraire la voie étroite serait très avantageuse, le projet de loi *fut mod'fié*, et il ne fut rien stipulé pour la largeur de la voie. Le Conseil d'État, désirant montrer l'importance qu'il attribuait aux observations de M. Thirion, fit imprimer son travail à la suite de l'exposé des motifs du projet de loi.

Un amendement fut plus tard présenté par MM. le baron Eschassériaux et Roy de Loulay, députés, demandant qu'il fût ajouté à la suite de l'article 2 :

« Toutefois la largeur de la voie restera fixée à 1ᵐ 45 (1ᵐ 50
« d'axe en axe). »

Cet amendement ne fut pas adopté, sur l'observation suivante du rapporteur :

« *Cette restriction nous a paru* INADMISSIBLE. *Nous avons*
« *démontré combien il importait de laisser la liberté d'adopter,*
« *dans certaines conditions, un mode de construction écono-*
« *mique,* DONT LA VOIE ÉTROITE EST L'ÉLÉMENT PRINCIPAL. »
M. le rapporteur avait dit, en effet, déjà, dans son rapport :

« …. *La plus grande liberté doit être laissée aux intéressés,* et
« elle doit atteindre, sous peine d'impuissance, *à des limites*
« *plus étendues* que celles indiquées par l'exposé des motifs. »

L'intention du législateur était donc bien de favoriser le développement des voies étroites, essentiellement économiques et pouvant s'adapter aux plus faibles trafics.

Après tout cela, comment se fait-il donc que ces chemins ne se soient pas développés ?

§ 2. — *Deux causes : centralisation, esprit public.*

Nous pensons que cela vient de deux causes :

La soif de *l'uniformisation* qui poursuit l'administration des travaux publics, dans un but de centralisation.

L'amour-propre très mal placé des populations des petites villes de ne vouloir, en rien, être inférieures aux grandes.

La première cause est évidente. En effet, l'administration devait faire exécuter la loi; elle n'ignorait pas les idées émises en faveur de la voie étroite et l'impossibilité financière de construire et surtout d'exploiter beaucoup de chemins sans avoir recours à cette solution. Malgré cela, malgré l'avis du Conseil d'État qui avait tenu si bien compte des sages observations de M. Thirion, malgré le vote du Corps législatif qui n'avait pas admis *l'uniformité* de largeur de la voie, la circulaire ministérielle, expliquant la loi aux préfets, *ne dit pas un mot de la voie étroite;* n'était-il pas tout naturel, n'était-il pas même du devoir du ministre de dire aux préfets qu'il y aurait lieu, dans un but d'économie, d'inviter les conseils généraux à examiner si au-dessous telle recette brute *il ne conviendrait pas de donner la préférence à la voie étroite?* Après les insistances de la commission du Corps législatif pour recommander cette solution, il nous semble que cela valait la peine d'être dit.

Les conseils généraux ont donc pu croire qu'il fallait dans tous les cas adopter la voie large qui a les faveurs de l'administration supérieure, et est bien préférée, du reste, par presque tous les fonctionnaires des travaux publics.

Heureusement nous pensons qu'avec le régime parlementaire et nos nouveaux ministres cette première cause a cessé ou cessera bientôt (1).

Quant aux populations, lorsque cette solution sera admise

---

(1) Cette phrase de notre travail est écrite depuis le mois de mars; nous ne l'avons point modifiée, mais le sort de la *Commission de décentralisation* a considérablement diminué notre espoir. Si le ministère ne nous a point donné et ne paraît pas disposé à nous donner la décentralisation, il nous a donné, en revanche, des choses que nous n'attendions et ne désirions point; mais il s'en faut de beaucoup qu'il y ait compensation.

par les conseils généraux, elles comprendront bien vite l'avantage d'avoir un petit chemin proportionné au trafic, *et leur
assurant des départs multiples.* Du reste, dans bien des cas, la
question sera d'avoir un chemin à *voie étroite* ou *pas de chemin.*

§ 3. — *Opinion de M. Desmousseaux de Givré sur l'esprit de l'administration des travaux publics et du public.*

M. Desmousseaux de Givré, ingénieur d'un grand mérite,
a bien défini, dans l'article dont nous avons déjà parlé, publié
dans le *Correspondant* en 1868, et dans un langage énergique,
peut-être un peu vif, l'esprit de l'administration et du public
en matière de chemins de fer économiques :

. . . .

« Mais alors, direz-vous, les chemins économiques sont aussi
« sûrs pour le spéculateur qu'avantageux pour le pays ? En
« effet, et voilà pourquoi ils sont florissants en Norwége, en
« Belgique et en Angleterre. Mais en France ! à peine en
« possédons-nous quelques récents exemples ; en France, on
« est encore à se demander ce que c'est !

« Pourquoi ? Parce qu'en Norwége, en Belgique, en Angle-
« terre, la *libre initiative* est honorée et protégée dans l'indi-
« vidu, la commune et la province ; tandis que la France est
« *énervée* par un fonctionnarisme sans pudeur et sans frein,
« qui uniformise pour centraliser et centralise pour dominer ;
« qui s'ingère en tout pour tout envahir ; qui livre une guerre
« à mort à tout ce qui n'est pas lui, et ne favorise rien qu'en
« se ménageant les moyens de se l'approprier.

« Voilà pourquoi nous avons vu au Corps législatif : d'un
« côté, M. Pouyer-Quertier, vaillant champion de la raison, de
« la prudence et de l'économie, à peine soutenu par quelques
« défenseurs d'une sage liberté dans l'industrie comme dans

« la politique ; de l'autre, les agents du pouvoir, proposant la
« construction magistrale d'un quatrième et d'un cinquième
« réseau qui seraient encore plus chers et plus improductifs
« que le réseau précédent.

« Nous croyons remplir un devoir en appelant l'attention
« sur ce désastreux projet, moins pour le regret douloureux
« de voir ainsi gaspiller l'or et le travail de la France, que
« pour donner une preuve de plus des aberrations politiques
« et financières où doivent fatalement nous entraîner l'insuffi-
« sance de contrôle et le dédain de toute liberté. »

. . . .

« Il est vrai que parfois on vous engage, au nom de l'inté-
« rêt général, à préparer la substructure de façon à porter
« la grande voie et le grand matériel. C'est que l'adminis-
« tration des travaux publics poursuit constamment son rêve
« de conquête et d'absorption universelle ; et tous ses cahiers
« des charges sont bien clairement dirigés en vue de l'unifi-
« cation future et prochaine. Ainsi, l'on vous prescrit (toujours
« au nom de l'intérêt général) les choses les plus déraison-
« nables, par exemple, d'employer la pierre de taille là où le
« bois suffirait. Si vous avez le malheur de vous récrier, on
« vous foudroie de ce mot : *la subvention !* »

. . . .

« Chose singulière, les intéressés sont parfois les plus ar-
« dents adversaires du système économique. En cela, comme
« en beaucoup de choses, l'opinion publique est en retard sur
« celle des autres pays ; on en est encore aux entraînements
« d'une imagination puérile, on voit en esprit des wagons
« roulant sans désemparer à travers fleuves et montagnes de
« Carpentras à Pékin ; de là horreur du transbordement. On
« tient pour mal construit un chemin où l'on ne fait pas quinze
« à vingt lieues à l'heure, où l'on ne peut dormir sur des

« coussins moelleux, où l'on ne trouve pas des gares somp-
« tueuses et confortables et (goût plus singulier) un personnel
« impératif et tracassier.

« Non, les chemins de fer, et surtout ceux d'intérêt local,
« ne sont pas un vain appareil de luxe et de confort ; non,
« c'est un sérieux moyen de développer notre agriculture si
« profondément languissante ; c'est aussi la voiture populaire
« et démocratique qui ménage les jambes du pauvre et le
« cheval du paysan.

« Qui inspire les objections spécieuses que nous avons ré-
« futées et ces négations persistantes de l'avantage évident des
« chemins économiques ?

« Chez les intéressés, l'amour du luxe, de la pompe et du
« confort, l'enivrement béat de la puissance matérielle et le
« sot orgueil des petites villes qui ne veulent accepter aucune
« infériorité avec les grandes.

« Chez les fonctionnaires, chez les ingénieurs trop fonction-
« naires, l'esprit de centralisation et d'autocratie.

« Chez la plupart des ingénieurs civils ou de l'État, c'est une
« foi exagérée dans la puissance économique de l'*uniformisa-*
« *tion*, c'est l'habitude de cette largeur de procédés qui dis-
« tingue l'État ou les grandes compagnies ; mais, par contre,
« l'inintelligence des allures modestes et prudentes de la libre
« industrie ; en un mot, c'est l'antagonisme de l'esprit admi-
« nistratif contre l'esprit industriel.

« Heureusement, la vérité finit toujours par prévaloir ;
« l'opinion se forme, et aujourd'hui, malgré les votes du Corps
« législatif, les meilleurs esprits parmi les ingénieurs civils ou
« de l'État commencent à former une sérieuse minorité en fa-
« veur des voies ferrées économiques. »

CHAPITRE XII.

RÉSUMÉ ET CONCLUSIONS.

§ 1er. — *Résumé.*

En résumé, nous avons vu par ce qui précède :

Qu'il reste encore un grand nombre de chemins de fer à établir en France.

Que les plus économiques de ceux construits jusqu'à présent coûtent de 80 à 120,000 fr. le kilomètre et exigent des recettes brutes de 8 à 10,000 fr. par an et par kilomètre ;

Qu'il est très difficile de trouver un pareil trafic sur les lignes restant à établir, dont le produit sera en moyenne de 5,000 à 6,000 fr.;

Qu'il est urgent de modifier la solution suivie ; qu'il faut établir les chemins pour le trafic local, pour leur trafic réel, de manière à avoir des lignes *productives ;*

Qu'il importe de ne pas donner de subventions exagérées si l'on veut arriver à l'abaissement *réel* des tarifs ;

Qu'en proportionnant le capital à employer aux recettes futures on arrive généralement à l'adoption de la voie réduite ;

Que cette solution est aujourd'hui parfaitement admise par la science, sanctionnée par l'expérience et recommandée par les hommes les plus compétents en France, en Allemagne et en Angleterre ;

Que le transbordement n'est point une objection sérieuse à l'adoption des voies réduites ;

Que les chemins à voie étroite sont tellement économiques qu'ils peuvent se construire même pour des recettes de 3,000 et 4,000 fr., suivant que la compagnie serait ou ne serait pas subventionnée ;

Que ces chemins offrent tous les avantages nécessaires pour les faibles trafics, tant sous le rapport de la sécurité que de la vitesse et de la puissance ;

Que l'adoption de ce système peut procurer une économie de près d'un milliard pour les chemins restant à établir en France ;

Que les économies réalisées pourraient puissamment contribuer à améliorer notre agriculture ;

Que, sous le rapport de la *correspondance*, l'avantage des voies étroites est *immense* ;

Que si, pour de faibles trafics, on persiste à construire de grandes voies avec de lourds matériels, on aura la ruine des compagnies, tandis que la voie étroite assurera leur prospérité ;

Que s'il est nécessaire de transformer, dans l'avenir, quelques voies étroites en voies larges, le capital économisé et capitalisé et les excédants de recettes permettront d'avoir, au bout de vingt-cinq ans, un capital double de celui nécessaire à cette transformation ;

Qu'il importe que l'administration des travaux publics ne suive pas toujours les mêmes errements, mais adopte les solutions économiques et éclaire les populations sur l'avantage des voies étroites.

§ 2. — *Conclusions.*

Le sort des chemins de fer d'intérêt local est entre les mains des conseils généraux.

La saine interprétation de la loi leur permet d'adopter la voie étroite ; il est à désirer qu'ils se pénètrent des vrais principes économiques en matière de chemins de fer, et qu'ils adoptent toujours des solutions en rapport avec les trafics soigneusement étudiés.

Rapprochant ce résumé de celui de notre brochure intitulée : *Avantages des compagnies locales*, nous concluons :

Qu'en général, et en particulier dans la Charente, la solution des chemins de fer d'intérêt local doit être cherchée dans les *chemins à voie étroite* exécutés par des *compagnies locales*.

NOTE FINALE.

Cet ouvrage devait paraître au commencement du mois d'août, quelques jours avant l'époque qui avait été fixée pour la session des conseils généraux ; nos désastres ont ajourné sa publication. La composition de l'ouvrage étant terminée, nous le publions cependant ; car, après la guerre, la question des chemins de fer d'intérêt local reviendra certainement à l'ordre du jour. Mais alors les compagnies seront probablement réduites à leurs seules forces et obligées de construire souvent sans subvention ; parce que les charges énormes imposées pour la défense nationale auront ruiné les finances des communes, des départements et de l'État. Les chemins économiques, que nous préconisons, seront donc en quelque sorte obligatoires, et notre brochure reprendra ainsi toute son actualité.

L. Dagail.

12 Décembre 1870.

TABLE DES MATIÈRES

PREMIÈRE PARTIE.

CHAPITRE Ier.

Solutions suivies jusqu'à présent.

CHAPITRE II.

Du trafic. — Recherches sur le trafic probable des lignes restant à établir.

Chapitre III.

Ce que doit être un chemin local.

Chapitre IV.

Nécessité de modifier la solution suivie.

DEUXIÈME PARTIE.

SOLUTIONS PROPOSÉES.

Chapitre V.

Du capital de construction.

2° Voies larges.

CHAPITRE IX.

Avantages particuliers de la voie étroite.

CHAPITRE X.

Comparaison.

CHAPITRE XI.

Pourquoi il n'y a pas de chemins économiques en France.

CHAPITRE XII.

Résumé et conclusion.

FIN DE LA TABLE.